work:design

**DIE ZUKUNFT
DER ARBEIT GESTALTEN**

Inhalt

Lernen lernen 42

Mit work:design werden Unternehmen zu lernenden Organismen

Voller Kraft voraus 86

Im Zeitalter von work:design etabliert sich Gesundheit im Arbeitsalltag

Future Leader 18

work:design bedeutet das Arrangieren von Beziehungen

Durch Coaching zum persönlichen Workstyle 96

Die Coaching-Kultur geht mit work:design in die zweite Runde

Impressum

Herausgeber
Zukunftsinstitut GmbH
Robert-Koch-Straße 116 E
65779 Kelkheim
Telefon +49 6174 96 13-0, Fax: -20
office@zukunftsinstitut.de

Chefredaktion
Harry Gatterer

Autoren
Harry Gatterer, Franz Kühmayer,
Janine Seitz

Redaktionelle Mitarbeit
Christof Lanzinger, Christina Kronaus,
Petra Rahlfs, Andreas Schmidt

Korrektorat
Franz Mayer

Cover-Foto
Stefan Jänicke

Grafik-Design
Christoph Almasy

ISBN 978-3-938284-64-3

© Zukunftsinstitut GmbH, März 2012
Alle Rechte vorbehalten.

Inhalt

Evolution von Arbeitsräumen 28

work:design macht aus Büros Manufakturen des Wissens

Jede Menge Unterschiede 54

Das work:design macht Vielfalt zum Erfolgsprinzip

Third-Place-Working 76

work:design besteht aus Ortswechseln, die für neue Perspektiven sorgen

Die real-digitale Sphäre 64

work:design nutzt die Chancen der neuen digitalen Welt

WORK:DESIGN
DIE ZUKUNFT DER ARBEIT GESTALTEN

Einleitung

Die Zukunft der Arbeit ist nicht definiert. Sie ist ein gestaltbarer Raum. Mehr denn je geht es darum, diese Freiheit an Gestaltung zu nutzen und eine Arbeitsumgebung zu schaffen, in der Individuen sich entfalten können. Zum Teil hindern uns heute noch industrielle Prägungen in der Erschaffung einer neuen Arbeitswelt. Doch gerade die Geschichte der Arbeit lehrt uns, dass mit jeder neuen Phase auch neue Freiheiten für die Menschen verbunden waren.

In der Evolution der Arbeit steigt Komplexität und Freiheitsgrad
Die Entstehung der Manufakturen am Übergang vom Mittelalter in die Neuzeit machte vielen Handwerkern das Leben schwer, denn nun standen sie vor der Wahl: Entweder riskierten sie, im neuen Preiskampf überflüssig zu werden, oder sie mussten sich in Manufakturen auf kleine Handgriffe spezialisieren und verloren dadurch den Bezug zu dem Werkstück, das sie ehemals ganz und gar selbst hergestellt hatten. Andererseits führten Manufakturen als Vorreiter der industriellen Produktion zu neuen Branchenzusammenschlüssen. „Drechsler, Gerber, Schlosser, Vergolder und andere schlossen sich zum Beispiel zu Kutschenmanufakturen zusammen, Schmiede, Schlosser, Nadler etc. zur Stecknadelmanufaktur", schreibt der Philosoph Manfred Füllsack in seinem Werk „Arbeit". Mit dieser Entwicklung etablierte sich zusehens eine Trennung zwischen Beruf und Familienleben, die es so vorher nicht gab.

Nach den Manufakturen entstanden Industriebetriebe, die vor allem von den neuesten Errungenschaften der Technologie profitierten. Die Dampfmaschine, eigentlich erfunden, um Wasser aus den Bergwerken zu pumpen, löste eine Revolution aus. Was danach kam, wissen wir alle: Industrien entstanden und gaben den Nationen, die darin führend waren, eine neue Bezeichnung: Industriestaaten. Mit ihnen etablierte sich auch der Wohlstand für eine breite Masse und die Freiheit des Konsumierens. Mittlerweile haben die Industrien der sogenannten Industriestaaten ihre Produktion auf der ganzen Welt verteilt.

Die Machtverhältnisse haben sich – verdeutlicht durch die Krise der letzten Jahre – verschoben. Ein globales Netz an Abhängigkeiten und komplexen Verschachtelungen kennzeichnet ein diffuses Miteinander. Auch der Begriff Arbeit hat sich deutlich verändert: Arbeit heute bedeutet jede Menge unterschiedlicher, nicht konformer Tätigkeiten. Von der Bäckerin bis zum Wellness-Designer, vom Kurator bis zur Call-Center-Mitarbeiterin, vom Piloten bis zur Reinigungskraft. Was Arbeit eigentlich ist, ist nicht mehr so einfach zu kategorisieren. Einzig die Tatsache, damit seinen Lebensunterhalt zu verdienen, scheint eine greifbare Klammer zu sein. Aber auch dies bröckelt zunehmend, wenn zum Beispiel Pensionisten aus Leidenschaft noch mal eine Firma gründen, Mütter zwei Nebenjobs ausüben (müssen) und Studenten von Praktikum zu Praktikum hüpfen. Da wundert es auch nicht, dass die Veränderungen der Arbeitswelt Angst hervorrufen.

> Arbeit heute bedeutet jede Menge unterschiedlicher, nicht konformer Tätigkeiten

Wir werden aus unserem gewohnten Umfeld gehoben und müssen uns neu orientieren. Dabei ist die Angst, ob wir in Zukunft überhaupt genug Arbeit haben werden, zwar verständlich, aber nicht in Tatsachen begründet. „Arbeit macht Arbeit", so Füllsack. „Arbeit hat grundsätzlich die Tendenz, sich zu differenzieren. Wo immer Arbeitsabläufe effektiviert werden und diese Effekte auf die Arbeit zurückwirken, entsteht neue Arbeit. Wenn durch Ausbildung von Arbeitskräften etwa komplexere Aufgaben zu bewältigen sind, so entsteht unvermeidbar Bedarf an Lehrern und Schulen. (...) Und wenn sich durch technische Innovationen Steigerungen an Output und Wirtschaftswachstum erzielen lassen, so entsteht Bedarf an research and development, an Wissenschaft im weitesten Sinn. Mit anderen Worten: Arbeit macht Arbeit, und das unablässig und in sich beständig beschleunigendem Ausmaß."

Am Beispiel einer im Jahr 1869 gegründeten Seifenfabrik kann dieser Prozess gut nachgezeichnet werden. Hatte die Fabrik bei ihrer Gründung mit ca. 40 Mitarbeitern noch alles selbst gemacht, von der Besorgung der Rohstoffe über die Produktion bis zum Verkauf, teilte sich die Arbeit in der Folge immer mehr auf. Den Verkauf übernahmen die Handelsketten, die Werbung wurde an Agenturen abgegeben und die Strategie übernehmen externe Beratungsunternehmen. Heute konzentriert sich diese Seifenfabrik ausschließlich auf das Erzeugen von Seifen und beschäftigt eine ganze Heerschar externer Dienstleister wie Chinaexperten, Duftdesigner, Rechtsanwälte, Fensterputzer, Comiczeichner, EDV-Experten, Projektmanager, Lektoren, Recyclingagenten, Trendscouts, Normungsspezialisten u.v.a.m. Es bedarf einer Unmenge an unterschiedlichen Berufen und Menschen, die letztlich in einem stark ausdifferenzierten Prozess zusammenarbeiten, spezialisiert und mit komplexen Fähigkeiten ausgestattet – aber eben projektorientiert und nicht durchgängig.

Kooperative Wissensarbeit könnte man diese Form des Arbeitens nennen, mit einem starken kommunikativen Fokus und der Fähigkeit der Beteiligten, sich auch kreativ gestaltend einzubringen.

Individualisierung ist der neue Durchschnitt
Dies bedeutet aber auch, dass sich die Arbeits- und Lebenskonzepte der Menschen zunehmend von festen Vorstellungen lösen. In der Berufswelt von morgen suchen Menschen immer mehr nach der Identität auf der „Lebensbühne Arbeit", die dadurch auch nicht mehr als getrennt vom Leben betrachtet werden kann. Das hat massive Auswirkungen. Der Begriff Work-Life-Balance wird beispielsweise sein Ende erreichen. Denn dieser Begriff unterstellt eine Trennung zwischen Beruf und Leben, welche Menschen in Zukunft kaum noch spüren können. Will man dies aber eingehender betrachten, helfen Mittelwerte leider kaum: Der durchschnittliche deutsche Beschäftigte arbeitet 38,25 Stunden die Woche bei 30 Tagen bezahltem Urlaub, seine Überstunden summieren sich auf 43 pro Jahr, und er erhält elf E-Mails pro Tag. Diese Zahlen überraschen höchstens bei der Menge der E-Mails, sagen aber sonst nichts aus; und schon gar nicht, wenn man versucht, eine Projektion in die Zukunft zu wagen. Denn: Der „Otto Normalbeschäftigte" wird schleichend von der Regel zur Ausnahme.

In Deutschland stecken heute laut sozioökonomischem Panel unter 40% der erwerbsfähigen Bevölkerung in unbefristeten Vollzeitjobs. Die atypische Arbeit, zusammengesetzt aus befristet, geringfügig und in Teilzeit Beschäftigten, hat seit Mitte der 90er Jahre um mehr als 50% zugenommen. Auch die Selbstständigenquote liegt heute mit knapp über zehn Prozent höher als früher. Starker Motor für diese neue Welt der Selbstunternehmer ist dabei die Kreativwirtschaft: Sie

GEGENSÄTZE FUSIONIEREN

Der Wandel in der Arbeitswelt führt auf vielen Ebenen zur Auflösung tradierter und gewohnter Strukturen

Arbeit	Freizeit
Arbeitsplatz	Mobilität
Arbeitsplatzgarantie	Projektarbeit
Kollektivverträge	Selbstständigkeit
Arbeitslosigkeit	Schaffenspause
Ausbildung	Lebenserfahrung
Produktivität	Kreativität
Leistung	Entspannung
Anweisung	Engagement
Geld	Spaß

Quelle: Zukunftsinstitut

macht inzwischen mehr als die Hälfte der Selbstständigen aus. Damit verlieren wir allmählich unser Bild von Arbeit und Arbeitsplatz, welches noch stark industriell geprägt ist. Aus einem fest gefügten Rahmen wird ein fließender Prozess, der im Laufe eines Lebens immer wieder seine Richtung ändert.

Vom Arbeiter zum Selbstarbeiter
Der Wandel in der Arbeitswelt führt auf vielen Ebenen also zur Auflösung tradierter und gewohnter Strukturen. Ehemalige Gegensätze fusionieren – siehe Grafik. Fast beliebig könnte man diese Liste fortführen und erkennen, dass die neue Welt der Arbeit eine Fusionswelt ist. Ehemals getrennte Sphären kommen zusammen und fördern einen maßgeblichen gesellschaftlichen Trend: Individualisierung. Denn die Komplexität, die durch diese Fusion entsteht, ist nur mehr durch einen enorm hohen Grad an Individualisierung gestaltbar. Somit werden aus den ehemaligen Arbeitern, die dann zu Mitarbeitern avancierten, letztlich Selbstarbeiter. Diese arbeiten selbstständiger als je zuvor, und doch im Auftrag des großen Ganzen. Zunehmend differenzieren sich damit auch die Anforderungen an die Arbeitswelt entlang individueller Talente, Fähigkeiten und Vorstellungen. Schon heute zeichnet sich ab, wie sich differenzierende Arbeitstypen der Zukunft in unterschiedlichsten Stilen ihr Tagwerk verbringen: In einer Übersicht von elf Typen haben wir zusammengefasst, welche Charaktere die Arbeitswelt der Zukunft prägen werden.

work:design – die Zukunft gestalten
Der Titel dieser Studie, work:design, bezieht sich auf die laufenden Veränderungen der Arbeitswelt und zeigt, dass die Zukunft der Arbeit gestaltbar ist. Mehr denn je greifen Menschen selbst ein, um Zeit und Raum ihrer Arbeit ihren eigenen Vorstellungen anzupassen. Dies gelingt nicht immer, führt durchaus zu Frust und Überforderung. Aber auch zu enormer Motivation und persönlichem Wachstum. Wer erst mal den Schritt in das work:design gewagt hat, möchte nicht mehr zurück. Dies gilt für Menschen, aber auch für Unternehmen. Denn laut einer jährlich durchgeführten Gallup-Umfrage haben nur mehr 13% der Deutschen eine hohe emotionale Bindung zu ihrem Arbeitgeber. Der Bedarf nach einem motivatorisch beflügelnden work:design war also sicher nie höher als heute. Als Basis wollen wir Ihnen in dieser Studie die Phänomene beschreiben, die hinter diesem Wandel stehen. Wir beschreiben aber auch Unternehmen, die schon erfolgreich mit dem Wandel in der Arbeitswelt umgehen. Darüber hinaus werden wir Sie mit kurzen Übungen aus unserem futureworks Repertoire animieren, intensiv über die Inhalte der Studie und deren Nutzen für Sie persönlich nachzudenken.

Harry Gatterer
Geschäftsführer

Thomas Huber
Redaktionsleiter

Zukunftsinstitut :: work:design

ELF TYPEN DER ARBEIT

Die Individualisierung, der immer noch dominierende Gesellschaftstrend, gilt nicht mehr nur für Konsum und Freizeit, sondern erreicht die Arbeitswelt. In Zukunft werden sich Menschen stärker darüber definieren, was, wo und vor allem: wie sie arbeiten. Während Marktforscher die Bevölkerung noch immer über lebensweltliche Konsum- und Werte-Milieus zu clustern versuchen, haben wir uns Gedanken über die Arbeitsstile der Zukunft gemacht und elf Cluster identifiziert, die sich maßgeblich über ihr Mindset in Bezug auf die eigene Arbeit unterscheiden.

Quelle: Zukunftsinstitut, Trend Update 10/2011

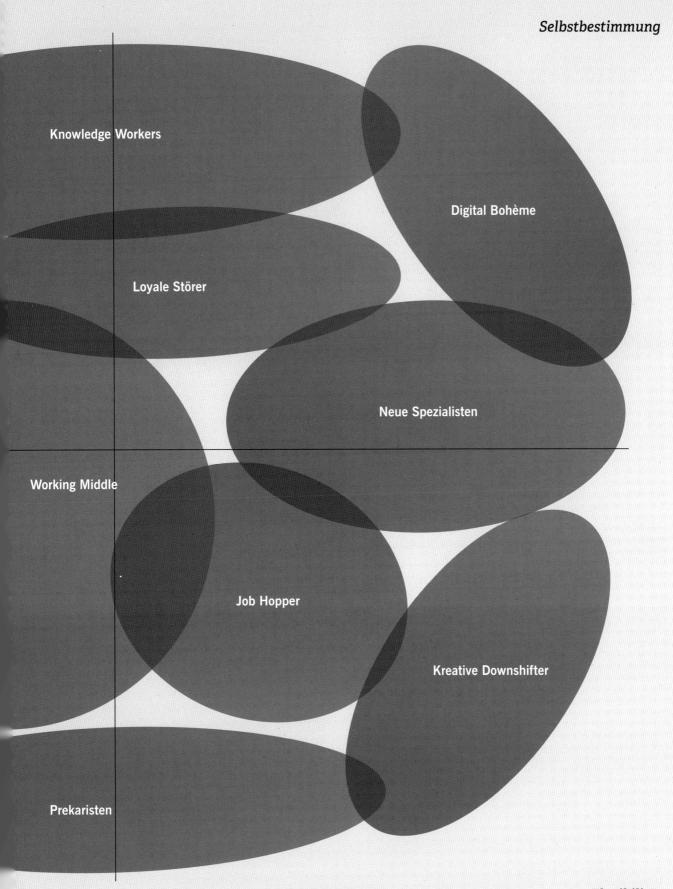

Zukunftsinstitut :: work:design

Foto: flickr, Sebastian ter Burg

Foto: istockphoto

Typ 1: Knowledge Workers

Auch wenn andere Bereiche zunehmend von Wissen überformt werden, bilden Knowledge Workers das pulsierende Herz der Wissensökonomie: Sie sind die Träger, Verbreiter und Vermehrer von Wissen, Mittler zwischen Wissenschaft und Wirtschaft. Obwohl sie meistens in großen Unternehmen im Angestelltenstatus arbeiten, sind sie auch außerhalb der großen Organisationen als Selbständige oder Gründer lebensfähig. Ihr Ethos bewegt sich entlang kreativ-kognitiver Herausforderungen, intrinsische Motivation und die Möglichkeit zur Selbstprogrammierung spielen eine größere Rolle als monetäre Anreizsysteme. Knowledge Workers existieren in zwei Varianten – als „Nerds", die sich eher isoliert bewegen, und als kooperative Teamworker, die Wissen in sozialen Systemen verknüpfen und vernetzen. Sie präferieren flexible, aber leistungsorientierte Arbeitsentwürfe, in denen die Arbeit sich im Privaten fortsetzt und Work-Life-Balance eher als „kreatives Auftanken" verstanden wird.

Typ 2: Corporate High Flyers

Klassische Karrieristen, die in großen Firmen aufsteigen und in ihrer ganzen Identität dem Unternehmen verbunden sind. Früher auch „Organization Man" genannt, besteht diese Fraktion überwiegend aus Männern mit klassischem Lebens-/Arbeitsentwurf: leistungsbereit, statushungrig, aggressiv, machtorientiert. Auch die Großorganisationen der Zukunft werden im Headquarter, nah am Machtzentrum, nicht auf vielstufige Hierarchien mit klassischen Weisungs- und Reportingstrukturen verzichten – ergänzt um „High Speed Tracks", mittels derer ehrgeizige High Potentials zwei Stufen auf einmal nehmen können. Das meritokratische Prinzip ersetzt die Seniorität – rosige Zukunftsaussichten für zielstrebige Karrieristen. Aber Vorsicht: Corporate High Flyers sind typische Burnout-Kandidaten und geraten zunehmend in Identitätskrisen, weil Unternehmen immer weniger nach „Leiter-Mentalitäten" suchen und die Arbeitsvolatilität auch im Managementbereich steigt.

Einleitung

Typ 3: Intermediäre

Intermediäre sind die „guten Seelen" von Unternehmen, früher typischerweise verkörpert in der Chefsekretärin. Ihr wesentliches Merkmal ist ihre kommunikative Kompetenz. Sie „halten den Laden zusammen", vermitteln zwischen Führung und operativen Ebenen, halten den Firmengeist aufrecht und sprechen die Sprache des Unternehmens. Sie sind gleichzeitig Seismographen für die Firmenkultur; wenn sie ihre Arbeit verweigern, was in ihrem Fall „Dienst nach Vorschrift" heißt, zerlegt sich das Unternehmen von innen heraus selbst. Im Zuge der zunehmenden Projektifizierung wachsen den Intermediären neue Aufgaben und Verantwortlichkeiten zu: Sie vermitteln nicht mehr nur zwischen unten und oben, außen und innen, sondern bilden auch den Transmissionsriemen zwischen „Business as usual" und „permanenter Ausnahmezustand".

Typ 4: Kreative Downshifter

Kreative Downshifter hadern mit den Rigiditäten der Erwerbswelt und legen – oft gebrannt durch Burnout- oder Boreout-Erfahrungen – großen Wert auf ihre privaten Lebenswelten. Besonders Frauen gehören zu dieser Gruppe, die zwar nicht als Drop-outs dem Job vollständig den Rücken kehrt, aber auf Teilzeit- oder leichte Freelance-Tätigkeiten heruntergeschaltet. Kreative Downshifter sind engagiert und verlässlich, sie neigen durchaus zum Engagement, aber im Zweifelsfall weichen sie anspruchsvollen und absorbierenden Herausforderungen eher aus. Bei ihnen entsteht die Drift in Halbtagsstellen und verpasste Aufstiegschancen nicht aus Unruhe und Unfähigkeit, sondern allein aus der intensiven Suche nach Lebenssinn und Lebensqualität außerhalb der Angestellten-Berufswelt. Daneben engagieren sich Kreative Downshifter in ehrenamtlichen Tätigkeiten und realisieren Zugewinne und Zuverdienste in der nachbarschaftlichen Ökonomie sowie zunehmend über Crowdsourcing- und DIY-Plattformen im Netz.

Zukunftsinstitut :: work:design

Typ 5: Loyale Störer

Dieser Typus gemäßigter Revoluzzer kommt in jedem Unternehmen vor und bildet das kreative Potenzial innerhalb des Firmenorganismus. Loyale Störer rekrutieren sich aus sozialen Menschen mit kreativen, optimistischen Ambitionen, die sich nur in einem sicheren Hafen (einer festen Bezugsgruppe) wohlfühlen. Sie versuchen innerhalb von Firmen die Abläufe zu verbessern, neue Ideen einzubringen, ohne damit Karriere-Ansprüche zu verbinden. Sie sind loyal, verlässlich, fleißig, aber auch kritisch, leicht zu verletzen oder in die Resignation zu treiben. Ohne eine kritische Masse von fünf bis zehn Prozent Loyaler Störer ist kein Unternehmen auf Dauer lebensfähig. Laut der amerikanischen Organisationsforscherin Debra Meyerson sind es nicht nur einsame, heroische Unternehmenslenker, die den Erfolg eines Unternehmens ausmachen, sondern vielmehr die Rebellen auf allen Firmenebenen, die zu ihren Überzeugungen stehen.

Typ 6: Job Hopper

Job Hopper sind fluchtbereite Individualisten, die oft Schwierigkeiten damit haben, Beruf und Privatleben zu synchronisieren und dabei ihre zahlreichen Talente und Neigungen zu priorisieren. Erfolgserlebnisse erzielen sie eher jenseits der Arbeitswelt, oftmals in intensiv gelebten Hobbys, die sich nur schwer mit den Zwängen des Jobs verbinden lassen. Deshalb sind sie permanent auf dem Absprung. Sie sind Selbstverwirklicher, die im Zweifelsfall lieber den Arbeitsplatz oder sogar den Beruf ändern. Getrieben von inneren Zentrifugalkräften, neigen sie zu einer unruhigen Berufs-Biographie und zerfaserten „horizontalen Karrieren" ohne echte Aufwärtsmobilität. Oft sind sie störrisch, überkritisch und renitent, können sich aber temporär auch intensiv in Aufgaben engagieren. Ihr wesentliches Erfolgsmerkmal ist eine chamäleonhafte Anpassungsfähigkeit ohne echte innere Beteiligung. Der fokussiertere und zielstrebigere Teil dieser Job-Nomaden schafft es im Zick-Zack-Kurs aber doch bis in mittlere Positionen.

Einleitung

Typ 7: Working Middle

Auch wenn das Zentralmassiv der abhängigen Beschäftigung bröckelt, verkörpern zwischen 20 und 30 Prozent aller Mitarbeiter auch in Zukunft schlichtweg den Durchschnitt: Sie „erledigen" ihren Job ordentlich, sind überwiegend fleißig und nur mäßig negativ eingestellt. Sie suchen nach Sicherheit und leben meistens in traditionellen Rollenmodellen. Die arbeitende Mitte hat einen auf Lebenszeit angelegten traditionellen Berufsentwurf und tendiert zum frühen Ruhestand. Arbeit wird als etwas Äußeres – getrennt und fernab vom Privatleben – definiert, das aber via Pflichterfüllung und Lohn durchaus Lebenssinn stiftet. Meist in mittleren Städten in der Provinz und in den Speckgürteln der Metropolen anzutreffen, verkörpert die Working Middle sowohl in beruflicher wie mentaler Hinsicht das Rückgrat des deutschen Mittelstandes.

Typ 8: Passivisten

Auch zukünftig gibt es in jedem Unternehmen einen schrumpfenden, aber hartnäckigen Kern von passiven Befehlsempfängern, Duldern und Status-quo-Verteidigern. Passivisten haben keinerlei intrinsische Motivation zu kreativen Leistungen, im Gegensatz zur Working Middle verbinden sie dies aber mit einer generell unambitionierten, nur auf Besitzstandswahrung fokussierten Haltung. Sie wollen gesagt bekommen, was sie zu tun haben, und fristen ihr gesamtes Berufsleben in der Indifferenzzone, stets bedacht, Störungen zu vermeiden und Veränderungskräfte frühzeitig unschädlich zu machen. Sie können zum unbequemen Mob werden, wenn sie ihre Komfortzone bedroht sehen. Die zentrale Motivationslage dieser Gruppe ist Angst: vor dem Verlust von Sicherheiten, Status, Geld. Weil ihre Jobs potenziell von Outsourcing, Offshoring und Automatisierung bedroht sind, bilden sie die Widerstandsnester der Beharrung im Unternehmen und neigen bisweilen zu überschießenden, radikalen Haltungen.

Zukunftsinstitut :: work:design

Foto: flickr, Official US Navy Imagery

Foto: flickr, SEIU Local

Typ 9: Neue Spezialisten

In vielen Arbeitsbereichen, vor allem im technischen und Forschungssektor, aber auch bei physischen „Hardcore"-Tätigkeiten, entwickelt sich derzeit eine neue Fraktion von Hyperspezialisten, die durch intensives Training Nischenfähigkeiten entwickeln. Diese Spezialisierungen finden überwiegend auf einem weltweiten Outsourcing-Markt statt. Neue Spezialisten sind projektgebundene Arbeiter, die nach Aufgabenerfüllung gut bezahlt werden und serienweise mit verschiedenen Auftraggebern arbeiten. Nach Phasen intensiver Arbeit, die klassische Arbeitszeiten sprengen, können längere Phasen von Freizeit entstehen. Beispiele sind: Programmierspezialisten, Systemspezialisten in den Bereichen Bauen/Konstruktion/Verkehr, die über die ganze Welt nomadisieren, Arbeiter auf Ölbohr-Plattformen. Neue Spezialisten sind immer begehrt, wenn sie in ihren Qualifikationen auf der Höhe der Zeit bleiben. In Zukunft werden aber auch größere Organisationen solch flexible und hochspezialisierte Feuerwehr-Einsatzkommandos halten, die im Unternehmen von Brandherd zu Brandherd wechseln.

Typ 10: Prekaristen

Mit zunehmender Volatilität in der Arbeitsgesellschaft wächst auch der Anteil der Abrutschgefährdeten, Randständigen und Unterprivilegierten – mit einem Wort: Prekären. Oft sind es nicht bloß mangelnde Ausbildung und fehlende Qualifikationen, sondern biografische Dispositionen und eine fehlende Ego-Strategie, die zu vielfältigen Dysfunktionalitäten in Bezug auf Arbeit, Selbstvertrauen und Kreativität führen. Prekaristen haben einen eingebauten Scheiter-Mechanismus, der nur schwer zu widerlegen oder relativieren ist. Auch wenn sie sich mühen, als fleißige Mitarbeiter zu erscheinen, sind sie die Ersten, die bei Umstrukturierungen und Rationalisierungen auf der Abschussliste stehen. Dabei handelt es sich nicht nur um Zeitarbeitnehmer, Aufstocker, Mini- und Mehrfachjobber – die klassischen „Working Poor". Die prekäre Disposition reicht bis ins mittlere Management und natürlich weit hinein ins Lager der akademisierten Freiberufler, die irgendwann den Anschluss verpasst, eine Kurve nicht gekriegt oder sich zu lang auf Abschlüssen, Titeln, falschen Erwartungen und Hoffnungen ausgeruht haben.

Einleitung

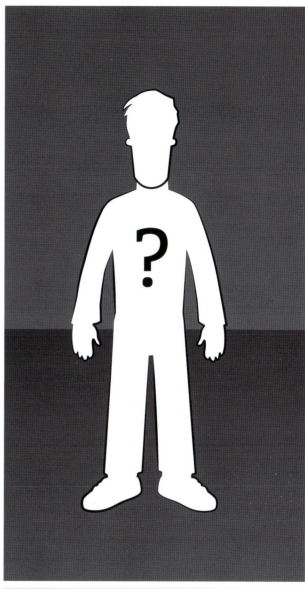

Typ 11: Digital Bohème

Die Avantgarde der Netzwerkwirtschaft lebt und arbeitet in bewusst offenen Netzwerken, also nur selten und allenfalls vorübergehend in Angestelltenverhältnissen. Projekt- und Portfolio-orientiert, in losen Zusammenhängen, Bürogemeinschaften oder „Coworking Spaces" organisiert sich diese neue Schicht selbst die Arbeit, von der sie lebt. Im Zentrum steht die Idee der Selbstverwirklichung im kreativen Prozess, wofür ein hohes Maß an Zukunftsunsicherheit und eine große Volatilität beim Einkommen bewusst in Kauf genommen werden. Früher nannte man diese Gruppe „Ich-AG'ler", aber im Unterschied zum Selbstunternehmer spielt die internetbasierte Vernetztheit nun eine überragende Rolle. In Zukunft verabschiedet sich die Digitale Bohème in ihrer Spitze mehr und mehr vom Modell Solo-Selbstständigkeit zugunsten virtueller Firmen und besser skalierender Geschäftsmodelle. Dazu zählen Start-ups einer neuen Generation, die zunehmend ohne Venture Capital auskommen, sowie größere gemeinschaftliche Projekte unter dem Label „Social Entrepreneurship".

Welcher Typ sind Sie?

Die Zukunft der Arbeit ist ein Prozess – für jeden Einzelnen von uns. In unserer Studie wollen wir zeigen, wie sich die Arbeitswelt in ihren großen Zügen entwickelt, was das für die Veränderung von Hierarchien und Strukturen bedeutet – und wie sich das auf die Gestaltung von Arbeitsplätzen konkret auswirkt. Aber als Leser und Individuum sind Sie auch ganz persönlich betroffen. Auch Ihre Art zu arbeiten, Ihr Schreibtisch, Ihr Arbeitszeitmodell wird sich wandeln.
Was wir an dieser Stelle versuchen möchten, ist, das klassische Leseverhalten um eine praktische Seite zu erweitern. Trends nicht nur lesend, sondern sozusagen handelnd zu erfahren. Und was wäre besser geeignet, die Veränderungen für Ihre persönliche Job-Zukunft fühlbar zu machen, als Ihnen einen neuen Job anzubieten? Lassen Sie sich also ein auf eine Runde Creative Job Poker. Sie werden sehen, welche kreativen Energien frei werden, wenn Sie durch unseren Inspirationsprozess eine neue Perspektive einnehmen. Und keine Angst, es geht schnell und ist ganz einfach. Und wer weiß – vielleicht lesen Sie den Rest dann mit ganz anderen Augen.

Zukunftsinstitut :: work:design

Creative Job Poker
Neue Sichtweisen durch neue Jobs

Um neue Wege gehen zu können, ist es hilfreich, ausgetretene Denkpfade zu verlassen und – zumindest spielerisch – auch sich selbst neu zu denken. Das „Creative Job Poker" hilft Ihnen genau hierbei. Das bietet die Chance, Ihren Alltag mit einem frischen Blick zu betrachten.
Schlüpfen Sie in ungewöhnliche Jobs, die es so in Ihrem Unternehmen sicherlich noch nicht gibt, wie zum Beispiel den „Corporate Storytelling Officer". Überlegen Sie sich danach, wie Sie die Innovationskraft Ihres Unternehmens erhöhen könnten.

Mein Job-Titel

_____ _____ _____
Position   Bereich   Funktion

1. Wählen Sie einen neuen Job, per Zufall: Setzen Sie hier die letzten drei Ziffern Ihrer Telefonnummer ein. _____

Die erste Nummer steht dann für Ihre neue Position, die zweite für den Bereich und die dritte für Ihre neue Funktion. Zum Beispiel: 678 wäre dann: *Junior Mobility Analyst*

2. Wenn Sie in diese Position kämen, was wäre das Erste, das Sie in Ihrem Unternehmen ändern würden?

	Position	Bereich	Funktion
0	Chief	Art	Developer
1	Corporate	Games	Planner
2	International	Storytelling	Trainer
3	National	Inspiration	Creator
4	Team	Selfness	Therapist
5	Senior	Biography	Promoter
6	Junior	Downaging	Coordinator
7	Freelance	Mobility	Manager
8	Interim	Destruction	Analyst
9	Volunteer	Knowledge	Supervisor

3. Welche Auswirkung hätte Ihre Einstellung auf Ihr Unternehmen?
(Beispiele als Corporate Art Coordinator: Mehr Informationsquellen, bessere Atmosphäre)

4. Was könnten Sie tun, um die Innovationsfähigkeit in Ihrem Unternehmen zu verbessern?

futureworks:
Trends erkennen. Zukunft machen.

WorkBox: Creative Job Poker
Das „Creative Job Poker" gibt es auch als eine WorkBox aus dem futureworks Portfolio. Das Arbeiten mit der WorkBox macht Spaß und entlässt Sie für ein paar Momente aus den Verpflichtungen des alltäglichen Berufes, um überraschende neue Erkenntnisse, Ideen und Verbesserungen für Ihr Unternehmen zu generieren. Das Format lässt sich somit in vielen Situationen einsetzen, u.a.: als Eisbrecher und Augenöffner in nahezu jedem Meeting, als eigener Mini-Workshop zur Steigerung der Innovationskultur oder einfach als ungewöhnliche Brainstorming-Session.
www.futureworks.eu

KAPITEL #1

Future Leader

work:design bedeutet das Arrangieren von Beziehungen

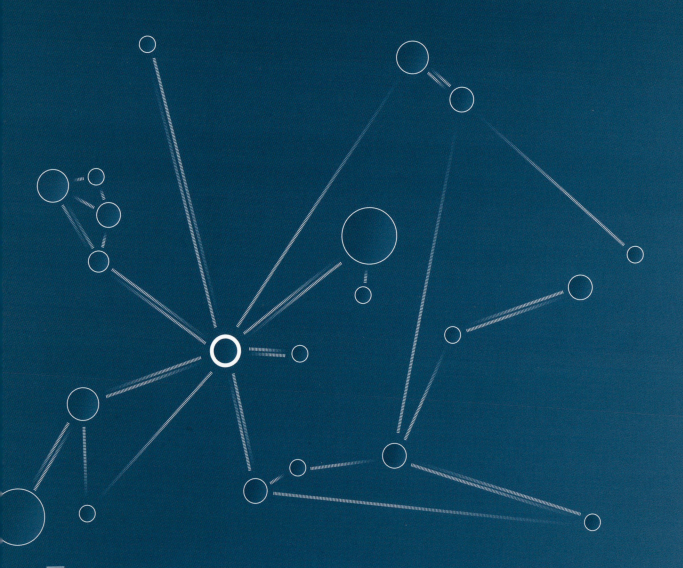

Führungsarbeit besteht in Zukunft immer öfter darin, den richtigen Ausgleich zwischen scheinbaren Gegensätzen zu finden. Neue Beziehungsgeflechte jenseits von Hierarchien etablieren sich zunehmend.

Haben Sie schon einmal argentinischen Tango-Tänzern fasziniert zugeschaut, wie sie spielerisch zwischen intimer Nähe und weiter Distanz wechseln, wie sich Führung und Geführtwerden in Harmonie ergeben und sich scheinbar ganz automatisch der richtige Rhythmus einstellt? Dann haben Sie bereits die Grundlage für Führung im work:design gelegt. Denn so wie im Tanz besteht Führungsarbeit in der Zukunft immer öfter darin, den richtigen Ausgleich zwischen Gegensätzen zu finden und in losen Verbindungen Einklang und die richtige Schwingung herzustellen.

Der Choreograph Antonio Todaro war eine der maßgeblichen Persönlichkeiten in der Entwicklung des Tango, bekannte Schritte und Figuren gehen auf ihn zurück. Dabei war sein Stil nicht langsam, romantisch und sanft wiegend, wie Tango vor allem in Europa vielfach getanzt wird. Todaro legte Wert auf Geschwindigkeit und Agilität, sein Stil war schnell und kraftvoll, beiden Tanzpartnern kam seiner Vorstellung nach eine starke Rolle zu. Er verlieh dem ehemals eng gekoppelten Zusammenspiel wesentlich mehr Freiheitsgrade. Die Analogien zu Führungssituationen in Unternehmen sind naheliegend.

Lose Verbindungen statt enger Kopplung
In der Vergangenheit war die Beziehung zwischen Arbeitnehmer und Arbeitgeber auf Dauer ausgelegt. Man versuchte, einen (!) Beruf zu erlernen, strebte eine sichere Stellung bei einem renommierten Arbeitgeber an und damit den Job fürs Leben. Im Gegenzug waren Unternehmen darauf eingestellt, jahrelange Karrierepfade vorzudefinieren, mit entsprechenden Ausbildungs- und Personalentwicklungsmaßnahmen. Doch schon heute sind die Verhältnisse viel kurzfristiger aufgebaut, und die Entwicklung hin zur Portfolio-Karriere, in der sich Berufe und Beschäftigungsverhältnisse im Laufe des Lebens immer wieder verändern, nimmt immer mehr Fahrt auf. Diese Erkenntnis setzt sich auch bei den Arbeitnehmern immer stärker durch und bestimmt ihre Erwartungen. In der Eurobarometer-Umfrage der EU-Kommission sagen 80% der Befragten aus Deutschland: „Lebenslange Arbeitsstellen bei demselben Arbeitgeber gehören der Vergangenheit an." Das deckt sich auch mit der Erfahrungswelt der Befragten. 66% der Deutschen haben bereits ein- bis fünfmal ihre Arbeitsstelle gewechselt, 7% bereits sechsmal und öfter. Nur 14% der Arbeitnehmer sind noch bei dem Unternehmen, in dem sie ihr Arbeitsleben begonnen haben. (Quelle: Eurobarometer, 2009)

Menschen schlagen von sich aus vielschichtige Laufbahnen ein, wechseln häufiger die Position und nehmen auch bewusst Brüche im Lebenslauf in Kauf. Während sich beispielsweise im Konsum schon länger die Notwendigkeit zeigt, Zielgruppen immer feiner aufzudröseln, hat in der zäh mit dem Abschied aus der Industrialisierung ringenden Arbeitslandschaft immer noch der Gedanke an Verallgemeinerung Geltung. Doch den typischen „durchschnittlichen" Mitarbeiter gibt es immer seltener, Arbeitsstile, Erwartungshaltungen an den Arbeitgeber und Vorstellungen von einer geglückten Karriere werden vielschichtiger. So bedeutet, „es geschafft zu haben", für die Corporate Highflyers etwa, einen klingenden Titel auf der Visitenkarte vorweisen zu können, verbunden mit den Insignien der Macht, wie etwa einem luxuriösen Dienstauto oder einem repräsentativen Büro; währenddessen stehen für Knowledge Worker immer öfter andere Werte im Vordergrund: etwa, interessante Aufgaben wahrnehmen zu können, mit spannenden Menschen in Projekten zusammenzuarbeiten, Zeit für die Familie und für Freunde zu haben, in der Hochblüte der Karriere eine Auszeit für Weiterbildung nehmen zu können.

> *Den typischen „durchschnittlichen" Mitarbeiter gibt es immer seltener*

Aber auch Unternehmen setzen auf flexiblere und kurzfristigere Bindung. Sie etablieren atmende Organisationen, die bei Hochkonjunktur Mitarbeiter ebenso rasch aufnehmen, wie sie bei Flaute wieder abgebaut werden – und zwar unabhängig von der Leistung des Einzelnen. Darüber hinaus tritt die Bedeutung der starren Aufbauorganisation immer öfter gegenüber einer sich rasch wandelnden Ablauforganisation in den Hintergrund: Projektorientiertes Arbeiten rüttelt die Strukturen in kurzfristigen Rhythmen durcheinander. Vorbei ist die Zeit des Abteilungsdenkens: Zukunftsorientierte Unternehmen fokussieren nicht darauf, ihre Mitarbeiter abzuteilen, sondern zusammenarbeiten zu lassen – unabhängig von deren Linienfunktion oder Bereichszugehörigkeit.

Christof Rissbacher und Heinz K. Stahl zeigen in einem Artikel in „brand eins" anhand des Innenlebens eines Bienenstocks, wie komplexe Organisationen durch flexibles Agieren der Akteure an Systemstabilität gewinnen.

Projektorientiertes Arbeiten rüttelt die Strukturen in kurzfristigen Rhythmen durcheinander

Die Autoren beschreiben das so: „Das Bienenvolk ist ein flexibles soziales System. Es gibt keine starren Stellenbeschreibungen, keine frühzeitige Spezialisierung, sondern Job-Rotation. Eine Biene durchläuft im Laufe ihres Lebens mehrere Jobs, etwa von der Putzbiene, Baubiene, Brutpflegebiene, Heizbiene, Wächterbiene, Pfadfinderbiene bis zur Sammelbiene. Auffallend ist, dass Honigbienen erst im letzten Abschnitt ihres knapp siebenwöchigen Lebens als Pfadfinder- und Sammelbiene das Nest verlassen. Organisatorische Abläufe ändern sich sofort, wenn innerhalb des Bienenvolkes Mangelerscheinungen auftreten, die eine Umsteuerung des Systems erforderlich machen." Das individuelle Handeln der Bienen wird nicht durch eine zentrale Instanz gesteuert, sondern ergibt sich dabei durch die ausgeklügelte, aber intuitive Kommunikation der Bienen untereinander. Ein so gestaltetes System zeichnet sich durch eine ausgeprägte Resilienz – Widerstands- und Selbsterhaltungsfähigkeit gegenüber bedrohlichen Einflüssen von außerhalb – aus.

In ihrer Konklusio zeigen die Autoren, was die Anwendung des Vorbilds Bienenstock für das Management von Unternehmen bedeuten kann. „Was kann der Manager jetzt daraus lernen? Jede Menge, wenn er will. Dabei hat er es natürlich schwerer als die durchschnittliche Biene. Menschen haben die Möglichkeit, unvorhergesehen, vielfältig, variabel und offen zu agieren und zu reagieren. Dadurch kommt es zu Überraschungen. Und zu Enttäuschungen. Das ist menschlich. Und führt dazu, dass sich unsere Organisationen bei steigender Komplexität als inflexibel und störungsanfällig erweisen. Starre Verträge statt Vertrauen, Richtlinien statt Spontaneität und permanente statt zeitlich wechselnde Strukturen sind Ausdruck dieser Starre. Offene, schnelle Entscheidungen wie bei den Bienen wären besser. Denn sie gehen souverän mit Mehrdeutigkeit um, etwas, womit wir Menschen uns schwer tun." (Quelle: Rissbacher C., Stahl H. K., Die Biene. Ein Vorbild, brand eins 10/2008)

Zudem kommt dass Arbeitsleistungen auf unterschiedliche Weise eingekauft werden. Wer ein Mitarbeiter ist, ist gar nicht mehr so einfach und trennscharf zu definieren: Längst mischen sich unter Festangestellte auch externe Berater, Mitarbeiter von Partnerunternehmen oder auch vorübergehend engagierte Projektmitarbeiter. Das Statistische Bundesamt Deutschland hält unmissverständlich fest: 25% der Erwerbstätigen arbeiten in atypischen

BERUFLICHE BIOGRAFIE WIRD FRAGMENTIERTER

Wie oft haben Sie in Ihrem Arbeitsleben bis jetzt den Arbeitgeber gewechselt? (ohne Ferienjobs)

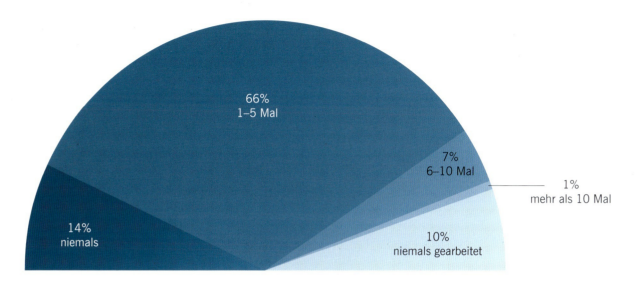

Quelle: Eurobarometer, 2009

Beschäftigungsverhältnissen, darunter fallen etwa befristet Beschäftigte oder Zeitarbeitnehmer. Und längst umfasst diese Gruppe nicht mehr nur prekäre oder niedrigqualifizierte Dienstverhältnisse, sondern in zunehmenden Maße hochqualifizierte Tätigkeiten.

Hatten Unternehmen und Führungskraft auf der einen Seite und Mitarbeiter auf der anderen Seite in der Vergangenheit Jahre, nicht selten sogar Jahrzehnte Zeit, sich aneinander zu gewöhnen, so lösen sich diese, wie Tanzpartner, heute viel schneller ab. So meint etwa Richard Florida: „Menschen identifizieren sich heute stärker mit ihrer Tätigkeit als mit ihrem Arbeitgeber." Und mit ihren sozialen Verbindungen, möchten wir ergänzen. Während man das Unternehmen wechselt, bleibt der Bezug zu den handelnden Personen erhalten. Online-Dienste wie XING profitieren davon, dass Menschen mit Menschen in Kontakt bleiben wollen, unabhängig von deren aktuellem Dienstgeber.

Man kann gegen diese Fragmentierung in der Beziehungslandschaft anlaufen und verstärkt auf Maßnahmen setzen, die die Loyalität zwischen Mitarbeiter und Unternehmen stärken – allerdings führt man damit einen Abwehrkampf, dessen Erfolg langfristig überaus unsicher ist. Noch sehen viele Unternehmen ihre Hauptherausforderung in der Mitarbeiterbindung. Nach einer Studie des Unternehmensberaters Ernst & Young aus dem Jahr 2011 messen 63% der kleinen und mittelständischen Unternehmen der Mitarbeiterbindung eine sehr große bzw. eher große Bedeutung bei. Die Rekrutierung neuer Mitarbeiter ist noch nicht so stark in den Fokus dieser Unternehmen gerückt. 45% halten diese Aufgabe für sehr bzw. eher bedeutend. Neue Mitarbeiter werden von diesen Unternehmen noch hauptsächlich in den bekannten Zielgruppen der Schul- und Studienabgänger sowie in der Region gesucht. 29% der Unternehmen planen aber, die Zielgruppen ihrer Mitarbeitersuche auszudehnen und auch gezielt nach Frauen als Wiedereinsteigerinnen, Migranten mit – noch nicht anerkannter – Fachausbildung und älteren Arbeitnehmern zu suchen. (Quelle: Ernst & Young, ESCP Europe, Agenda Mittelstand: Talent-Management im Mittelstand – mit innovativen Strategien gegen den Fachkräftemangel)

Zielführender ist es wohl, den zugrunde liegenden Wandel anzunehmen und sich die in der Praxis entscheidenden Fragen zu stellen: Wodurch entsteht in derart labilen Strukturen so etwas wie Bindung? Wie kann Identifikation in kurzer Zeit aufgebaut werden? Wie lässt sich eine On-/Off-Beziehung so gestalten, dass sich Gleichklang und Produktivität einstellen?

Wodurch entsteht in derart labilen Strukturen so etwas wie Bindung?

Zukunftsinstitut :: work:design

Die Wirtschaft von morgen ist zu schnell, zu komplex, zu vielschichtig, um alle Dinge kontrollieren zu können

Eine innovative Lösung für diese Frage hat ein Netzwerk von Unternehmen der Metallbranche im Raum Braunschweig gefunden. Das Netzwerk KIM Kooperationsinitiative Maschinenbau, ein Zusammenschluss von 26 klein- und mittelständischen Unternehmen und zwei Universitäten mit insgesamt 6.000 Mitarbeitern und mehr als 1,2 Mrd. Euro Umsatz, bricht die Struktur der althergebrachten Mitarbeiterbeziehungen auf. Das Netzwerk ermöglicht einen flexiblen Austausch von Mitarbeitern zwischen den Partnerunternehmen. So können Unternehmen mit Personalüberhang diesen Überhang anderen Unternehmen mit Kapazitätsengpässen zur Verfügung stellen. Kurzarbeit und Entlassungen können durch diesen Austausch der Arbeitskräfte untereinander vermieden werden. Außerdem lernen die einzelnen Mitarbeiter dadurch die Arbeitsabläufe in anderen Unternehmen kennen und erweitern ihre Fachkompetenz. Die Partnerunternehmen des Netzwerks haben mit der Gewerkschaft einen eigenen Tarifvertrag ausverhandelt, der auf den flexiblen Austausch der Arbeitskräfte zwischen den Partnern abgestimmt ist. Das Netzwerk koordiniert sich auch bei der Auftragsvergabe und beim Einkauf, , Personalentwicklung und vielen weiteren Gebieten.

Vertrauen besiegt den Cobra-Effekt

Die Antwort auf die weiter vorne gestellten Fragen ist naturgemäß vielschichtig, setzt aber im Kern auf einen zentralen Treibstoff, nämlich Vertrauen. Dabei ist die Verlockung groß, sich in unsicheren Zeiten möglichst genau an strukturstärkende Maßnahmen zu halten und an einem Controlling- und Steuerungskorsett zu orientieren. Dementsprechend prägen Statusberichte, Key Performance-Indikatoren, Kennzahlen und Traffic Lights den Alltag vieler Führungskräfte. In unruhigen Situationen scheint es naheliegend, dass man sein Business genau im Griff haben, möglichst exakt Schwachstellen erkennen will. Bloß führt die Sehnsucht nach Exaktem allzu oft in Richtung Mikromanagement und zum völligen Fokus auf Scorecards um der Scorecard willen. Dabei hilft im Wildwasser des Wandels ein noch so gutes Radargerät nicht – gefragt sind Flexibilität, Entscheidungsfreude, Mut und spontanes Agieren.

Wer den Versuch unternimmt, die Leistungen und Prozesse seines Unternehmens möglichst präzise zu messen, um jederzeit seinen Standort bestimmen zu können, wird rasch zu der Erkenntnis gelangen, dass damit die Dynamik des Unternehmens gebremst wird. Und natürlich verändert kleinteiliges Performance-Management das Unternehmen.

Der erfolgversprechende Weg in Richtung Zukunftssicherheit sieht anders aus. Es ist der Weg des unternehmerischen Vertrauens. Mit Vertrauen zu beginnen, grundsätzlich davon auszugehen, dass Menschen gerne etwas leisten wollen, sich einbringen und entfalten wollen. Die Wirtschaft von morgen ist zu schnell, zu komplex, zu vielschichtig, um alle Dinge kontrollieren zu können.

Der australische Software-Entwickler Atlassian nutzt die Potenziale seiner Mitarbeiter auf eine neuartige Art und Weise. Er hat „FedEx-Days" eingeführt. An diesem einmal im Quartal wiederkehrenden Tag sollen die Mitarbeiter während ihrer Arbeitszeit aus den Gewohnheiten ausbrechen und sich einem Projekt widmen, das keinerlei Berührungspunkt mit ihrer täglichen Arbeit hat. Die Ergebnisse dieser Überlegungen werden am nächsten Tag den Kollegen präsentiert. Der Name dieses Tages, FedEx-Day, kommt aus diesem Setting und bezieht sich auf den Slogan des namensgebenden Paketdienstes: „Delivered next day". Die Ideen werden dann von den Kollegen bewertet, und die besten Ideen können auch für die Produktpalette von Atlassian umgesetzt werden. Der Einfluss dieser Tage auf die Motivation der Mitarbeiter und die Produktivität des Unternehmens ist so groß, dass der Autor Daniel Pink das Modell in seinem Buch „Drive" empfiehlt.

DER COBRA EFFEKT

Unter Cobra-Effekt versteht man das von Horst Siebert beschriebene Phänomen, dass ausgerechnet jene Maßnahmen, die eingeleitet werden, um ein Problem zu lösen, dieses letztlich noch verschärfen können. Die Bezeichnung geht historisch darauf zurück, dass ein britischer Gouverneur in Indien Kopfgeld auf erlegte Cobras aussetzte, um der herrschenden Schlangenplage Einhalt zu gebieten. Vordergründig schien das Konzept erfolgreich zu sein, wurden doch immer mehr tote Schlangen abgeliefert. Allerdings wurde deren Anzahl nicht wirklich reduziert, da die Bevölkerung begann, Cobras zu züchten und zu töten, um weiterhin Prämien zu kassieren. Anreizsysteme in Unternehmen bewirken vielfach ähnlich kontraproduktive Effekte: Es wird nach Methoden gesucht, um das Messsystem auszutricksen. Mit dem Resultat, dass keine Leistungssteigerung bewirkt wurde und dennoch alle Kennziffern auf Grün stehen.

DIE NEUEN BEZIEHUNGSMUSTER

Vom Netzwerk zum resilienten System

Pyramiden-Hierarchien mit ihren starren Kommunikationswegen sind in Krisenmomenten regelmäßig zu langsam. Bis die Information die operative Ebene erreicht, tritt häufig schon die Katastrophe ein.

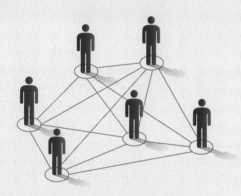

Netzwerke verteilen Information sehr schnell, neigen aber durch starke selbstverstärkende Momente zur Überreaktion, die bis zum Zusammenbruch führen kann.

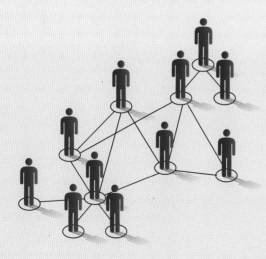

Resiliente Systeme kombinieren hierarchische Strukturen und Netzwerkstrukturen, geben so im Normalfall Sicherheit und im Ernstfall die Chance, schnell zu handeln.

Quelle: Zukunftsinstitut, Trend Update 08/2011

Vertrauen
Vertrauen ist der wesentliche Rohstoff für eine gelungene Zusammenarbeit. Wer nicht gerade Tango tanzt, um den schnellen Beziehungswechsel laufend zu trainieren, der kann dies in Team-Workshops erleben. Auch wenn derartige Übungen schon wie alte Bekannte anmuten, so sind die individuellen Erfahrungen doch jedes Mal aufs Neue überraschend.

Eine zielführende Maßnahme auf dem Weg dorthin ist das Aufgeben der Arbeitszeitorientierung zugunsten der Ergebnisorientierung. Als Results-Oriented-Work-Environment (ROWE) bezeichnet man Unternehmenskulturen, die ihre Mitarbeiter weder formal noch informell (z. B. durch subtilen Leistungsdruck) daran messen, wie lange sie arbeiten, sondern nur an ihren Ergebnissen. Das ist das Ende der Anwesenheitspflicht und die Herausforderung an Führungskräfte und Teams, eine fluide Organisationsform zu finden. Informations- und Kommunikationstechnologien unterstützen dabei ebenso wie partnerschaftlich zwischen Unternehmen und Mitarbeiter erarbeitete Spielregeln.

Adecco – ein Global Player im Bereich Human Resources – wollte in einer Befragung wissen, was einen „Spitzenboss" ausmacht. Dabei wurden die Mitarbeiter nach ihrem Wunschführungsstil und dem aktuellen Führungsstil des Vorgesetzten gefragt. Gleichzeitig wurden auch die Vorgesetzten nach der Selbstwahrnehmung ihres Führungsstils gefragt. Die dabei ermittelten wünschenswertesten Arten der Führung sind einerseits ein demokratischer und andererseits ein visionärer Führungsstil. Der Führungsstil, mit dem sich die Mitarbeiter am häufigsten konfrontiert sehen, ist aber immer noch ein kommandierender. Die Vorgesetzten sehen in ihrer Selbstwahrnehmung aber am liebsten einen coachenden Führungsstil. Die Ergebnisse der Befragung werden von Adecco sehr prägnant in Englisch zusammengefasst: „Bosses may not recognize how ‚bossy' they actually are."

Ähnliches gilt übrigens nicht nur im Hinblick auf einzelne Mitarbeiter, sondern auch auf ganze Organisationsteile. Verteilte oder filialisierte Konzerne pendeln vielfach zwischen „mindless global" und „hopeless local" – also zwischen starrer Zentralisierung und völlig widerspruchsloser Orientierung an den Vorgaben der Zentrale einerseits, mit damit einhergehender weitgehender Entmachtung der Niederlassungen, und andererseits einer nur auf Konsolidierungsfunktionen reduzierten Zentrale bei völliger Unabhängigkeit der Tochterunternehmen, mit entsprechend geringen Synergieeffekten im Gesamtunternehmen. Welche Probleme starke und autarke Filialen machen können, musste zum Beispiel die Metro Group mit ihrer Elektromarktkette Media Markt erkennen. Durch die teilweise von Filiale zu Filiale unterschiedliche Preissetzung war es Media Markt bis vor Kurzem nicht möglich, einen Onlineshop im Internet als Vertriebsplattform zu etablieren. Die hierfür notwendige bundesweit einheitliche Preissetzung stand in Konflikt mit den Interessen der Filialen. Der im Januar 2012 eingeführte Onlineshop kann aus diesem Grund nur ein schmales Sortiment (2.500 Artikel) bieten und ist in der Community sofort auf rege Kritik gestoßen.

Foto: Atlassian

Beim FedEx Day von Atlassian haben die Mitarbeiter einen ganzen Tag Zeit, um sich mit neuen Ideen zu beschäftigen.

Die Zukunftsorientierung zielt auch diesbezüglich auf ein gemeinschaftliches Einschwingen der Organisation an übergeordneten Zielen ab, anstatt auf hierarchische Kontrollstrukturen.

Das neue Tango-Equilibrium
Unabhängig ob zwischen Unternehmen und Mitarbeiter, zwischen einzelnen Teilen des Unternehmens oder zwischen Unternehmen und seinen Partnern: Die Vorstellung, dass Kooperation und Bindung auf der Basis langfristiger, planbarer Strukturen entsteht, gerät zunehmend ins Wanken. Ebenso hat sich allerdings die Erkenntnis durchgesetzt, dass rein transaktionell orientierte, kurzfristige Bindungen, wie sie etwa durch Outsourcing entstehen, auf Dauer nicht werthaltig genug sind. Neue Kooperationsmodelle müssen somit eine feine Balance treffen, die sich zwischen diesen beiden Extremen aufspannt. Dieses neue Equilibrium der Kooperation schafft dynamische Organisationsmodelle, in denen Enge und Abstand in raschem Wandel darstellbar sind und Verbindungen auch dann gehalten werden können, wenn die Distanz am größten ist. Neben geeigneten Strukturen ist damit vor allem eine Werte- und Haltungsfrage verbunden.

Immer öfter heißt es: ein neues Stück, ein neuer Tanzpartner – ohne dabei den bisherigen Partner zu vergrämen, sondern im Gegenteil dieses Wechselspiel nicht nur zu beherrschen, sondern geradezu zu genießen. Leader von morgen sind eben begeisterte Tango-Tänzer. Sie gehen spielerisch mit Führung um, können ihre Rolle im Dialog mit anderen wandeln und bringen ihre Organisation in den perfekten Rhythmus.

FUTURE FACTS:

» **Der Job fürs Leben ist Geschichte**: Nur 14% aller Beschäftigen arbeiten noch in dem Unternehmen, in dem sie ihr Arbeitsleben begonnen haben.

» **Arbeitsverhältnisse werden immer vielfältiger**: Bereits 25% aller Erwerbstätigen arbeiten in atypischen Beschäftigungsverhältnissen.

» **Loses Commitment überwiegt**: 66% der Arbeitnehmer empfinden nur eine geringe Bindung an ihr Unternehmen.

» **Autonomie statt Gehaltserhöhung**: Für 60% der Deutschen erhöhen gute Arbeitsergebnisse ihre Motivation im Job, mehr Verantwortung motiviert 39%, mehr Gehalt dagegen nur 21%.

Alle Daten aus diesem Kapitel.

Arbeitsblatt

In der Frage *Was wäre wenn?* steckt enorme Kraft. Durch diese so einfache Frage kann man ein völlig neues Denkuniversum eröffnen, das sonst im Alltag kaum Platz findet. Deshalb: Stellen Sie sich doch einmal folgende Fragen:

Was wäre wenn....

... alle Mitarbeiter Ihres Unternehmens alle 6 Monate die Position wechseln müssten?

... Marc Zuckerberg, Gründer von Facebook, Ihr Unternehmen leiten würde?

... alle Mitarbeiter Ihres Unternehmens einen Tag in der Woche für ein eigenes Projekt nutzen dürften?

Wären spannende, coole, witzige, effektive, erfolgsversprechende Veränderungen dabei? Warum nicht gleich anpacken?

CRASHKURS:

A propos anpacken: Warum nicht gleich live experimentieren?

Stellen Sie bei Ihrem nächsten Meeting doch auch mal eine „Was wäre wenn?"-Frage. Und wenn gute Ideen auftauchen, haben wir noch eine Frage für Sie: „Warum eigentlich nicht?"

futureworks:
Trends erkennen. Zukunft machen.

Arbeitsblatt

KAPITEL #2

Evolution von Arbeitsräumen

Das work:design macht aus Büros Manufakturen des Wissens

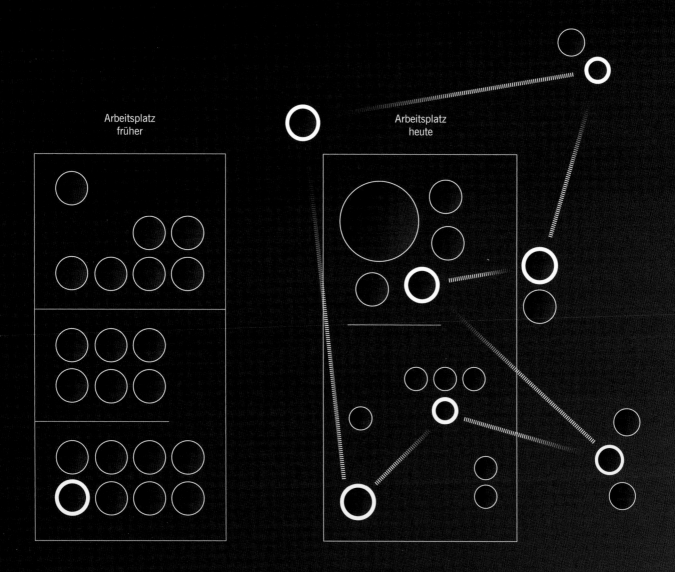

Trotz Digitalisierung und Mobilität wird die Bedeutung von Büros in den kommenden Jahren steigen. Arbeitsplatz ist dann eine Infrastruktur aus unterschiedlichen Raumkonzepten.

Evolution von Arbeitsräumen

Der uniformierte, graue Büro-Alltag stirbt langsam aus und macht Platz für neue, kreative Arbeitsstrukturen, die dem Mitarbeiter mehr Raum zur Selbstentfaltung öffne. Die damit verbundenen Anforderungen verändern die Aufgabenbereiche der Mitarbeiter stark. Immer weniger geht es um das Abwickeln, immer öfter um das Entwickeln neuer Zusammenhänge, Denk- und Arbeitsprozesse. Die Anforderungen in Unternehmen sind noch komplexer geworden. Selbst in den seltensten Fällen sind diese durch lineare Prozesse abzubilden. In großen Unternehmen, die in sogenannten „Linien" organisiert sind, zählt heute abteilungsübergreifende Projektarbeit bereits zum Standard. Und nicht nur das: In dieser noch komplexeren Form von Ökonomie braucht es einen hohen Grad an Flexibilität, Kreativität, Intuition und menschlicher Vernetzung, damit Unternehmen am Markt weiterhin bestehen können. Seit einigen Jahren kann man dies als positive Entwicklung in der sogenannten „Creative Industry" bereits beobachten. Dort gehören übergreifende Denk- und Arbeitsstrukturen zur täglichen Realität. Zunehmend geht diese Anforderung auch auf klassische Unternehmen und Branchen über. Vom McKinsey Global Institute kommt hierfür eine griffige Unterscheidung für die Anforderungen zukünftiger Arbeitswelten, indem es die Arbeit in drei Kategorien unterteilt:

» *transformatorisch* – alle physischen Fertigungsprozesse
» *transaktionell* – wie Routinejobs in Callcentern und Behörden
» *interaktionell* – anspruchsvolle, wissensbasierte und schwer zu standardisierende Tätigkeiten wie beispielsweise Management und Beratung

Und speziell die letztere Form der Arbeit, die interaktionelle, wird in Zukunft mehr und mehr Bedeutung erhalten: gerade in den Büros. Gerade da, wo es um eine neu verstandene Produktivität geht. Denn: „Während die Produktivität bei der herstellenden Industrie seit den 40er Jahren des letzten Jahrhunderts in puncto Effizienz um das 14-fache gesteigert wurde, blieb es bei der Büroarbeit bei einer Verdopplung" (Raymond & Cuncliffe in Tomorrows Office). Viel Bedarf an neuen Ansätzen also. Erik Brynjolfsson prägte hierfür den Begriff des Produktivitätsparadoxons. Dieses besagt, dass die beträchtlichen Investitionen in die Informations- und Kommunikationstechnologie und die Ausdehnung der Rechnerleistung nicht zur erwarteten Ausweitung der Produktivität im Dienstleistungsbereich geführt haben. Mit Ausnahmen bei standardisierten, transaktionellen Abläufe, wie bei den Banken (Überweisungen) oder der Koordination von Flügen. Durch die immer stärker werdende

Vernetzung von Menschen über ihre Computer und Mobile Devices entsteht aber ein guter Nährboden für wachsende Produktivitätsgewinne auch bei den – nomen est omen – interaktionellen Aufgaben.

Abteilung bedeutet nicht mehr Abschottung
Um die „kreative" Produktivität zu steigern, werden Unternehmen in Zukunft ihre hierarchische Raumordnung überdenken und neue Konzepte einführen. Damit fällt ein altes Paradigma endgültig, das den Arbeitsplatz als „Schreibtisch und Computer" definiert.

In einem Artikel in der NZZ über die Entwicklung des Büros schreibt Peter Treichler dazu: „Jede Geschichte des Büros (…) ist auch eine Geschichte des Duplizierens, des Einordnens, Abrufens und Wiederauffindens und der dazu geschaffenen Möbel oder Geräte. (…) Das Büro ist das Gedächtnis des Betriebes, seine Rückversicherung, sein gutes oder schlechtes Gewissen. Das Büro ist der Platz für Fotokopien oder Kohledurchschläge, hier werden sie abgelegt nach chronologischen oder thematischen Kriterien. (…) Erst die elektronische Datenverarbeitung, vor 30 Jahren angelaufen, stellt die Abläufe auf den Kopf. Wo der Computer Daten speichert, sortiert und selbständig verschickt, werden die Schubladensäulen des Schreibtisches überflüssig (…)". Und eben auch das Denken in persönlichen Territorien: mein Arbeitsplatz, mein Büro, meine Abteilung. In Zukunft übersetzt man dies anders und führt ein neues Paradigma ein: „Raum und Dialog". Räume werden bewusster gestaltet und über Abteilungsgrenzen hinaus benutzt, und der Dialog – das Miteinander – wird zum zentralen Thema. Das Konzept zukünftiger Bürogestaltung baut also nicht auf der Einzelplatzlösung auf oder denkt gar in Zellenbüros. Zukunftskonzepte sind „Creative Offices". In denen können Menschen den gesamten Ort nutzen, um ihren Job zu tun. Somit werden Unternehmen poröser und müssen Übergänge erzeugen, wo früher nur Abteilungen waren. Sie müssen sich an die neue Zeit der Interaktivität und Projektarbeit genauso gewöhnen wie an atypische Beschäfigungsverhältnisse. Daraus resultieren auch Büros, die dem entsprechen: offen, kommunikativ, mit Rückzugszonen für konzentriertes Arbeiten, mit unterschiedlichen Raumtypen für differenzierte Arbeitsaufgaben. Aber: immer auch mit einem physischen Platz für die Mitarbeiter – und sei es nur ein Spind.

Für das Büro des Führungs- und Innovationsberaters Cubion aus Kopenhagen stand genau diese Offenheit im Vordergrund. Ziel war die Schaffung von ==Raumsituationen für den kreativen Austausch== von Wissen und offene Kommunikation. So können die semitransparenten Glaswände gleichzeitig auch als Schreibtafeln für Brainstormings und Diskussionen genutzt werden. Der Bereich des Sofahauses bietet Platz für konzentrierte Gedanken, aber auch intensive Gespräche. Das Büro soll sowohl den Mitarbeitern als auch den Kunden von Cubion ein gelebtes Vorbild dafür sein, wie ein kreatives Arbeitsumfeld gestaltet sein kann.

Situationen und Menschen
Für die Planung von Zukunftsbüros werden demnach nicht Mitarbeiter abgezählt und Schreibtische eingekauft. Zur Basis für die Zukunftsplanung wird man vielmehr folgende zwei Maßstäbe ansetzen: Welche Mitarbeiter haben/brauchen/wollen wir im Unternehmen? Und zweitens: Welche Arbeitssituationen erleben wir in unserem Unternehmen? Bei den Mitarbeitern dreht es sich vor allem um die Frage, welche Typen von Menschen in einem Unternehmen sind und in Zukunft vielleicht mehr sein sollen. Und welche Formen von Arbeit dabei eine Rolle spielen. Denn auch in der kreativen Ökonomie finden wir nicht nur „Kreative", sondern ein weit ausdifferenziertes Portfolio an unterschiedlichsten Wissensarbeitern: Finanzverantwortliche, Patentanwälte, Architekten, Designer, Consultants, Webentwickler, Grafikdesigner,

Unternehmen werden poröser und müssen Übergänge erzeugen, wo früher nur Abteilungen waren

Der smart designte Empfang bei Deloitte in Wien

Evolution von Arbeitsräumen

Betritt man die Santander Consumer Bank, steht man in einem Café

Ernährungswissenschaftler, Autoren, Markenverantwortliche, Key-Account-Manager, Gesundheitsberater, Softwareentwickler, Managementtrainer, Übersetzer, Food-Designer, Produktentwickler, Rechtsberater, Internet-Forscher ... und deren noch viel mehr. Nun ging man bisweilen davon aus, dass alle Wissensarbeiter Ähnliches tun und Ähnliches brauchen (Schreibtisch und Computer). Dazu eine interessante Denkübung: Bei den Handwerkern ist logisch, dass ein Tischler eine andere Ausstattung braucht als ein Maurer, ein Bäcker oder ein Frisör. Niemand käme auf die Idee, den Tischler mit einem Fön auszustatten. Die Spezialisierung der unterschiedlichen Gewerke ist klipp und klar. Nun, Gleiches gilt auch für Wissensarbeiter. Die Anforderungen differieren weit. Ob Designer oder Internet-Forscher, ob Gesundheitsberater oder Übersetzer – die Berufe lassen sich nur schwer vergleichen. Und doch wurden diese Unterschiede kaum in Raumkonzepte übersetzt. Anders in Zukunft: Wissensarbeiter nutzen eben nicht nur den Schreibtisch, sondern die gesamte Infrastruktur. Was nun folgt, ist eine Spezialisierung in der Büroplanung auf Wissensarbeiter und deren differierende Anforderungen. Als Ergebnis erhalten wir Büros, die eben nicht einfältig, sondern vielfältig sind. Man könnte sagen, die Büros der Zukunft sind Manufakturen des Wissens.

Eine Wissensmanufaktur nutzt unterschiedliche Raumkonzepte

Ein grobes Raster zur Wissensarbeit liefert eine Untersuchung von Gensler, einem der führenden Architektur- und Consulting-Büros für moderne Arbeitsplatzlösungen. Laut dem Modell des weltweit tätigen Unternehmens werden vier Arbeitsweisen definiert, was die Büros der Zukunft unterstützen müssen: Focus, Learn, Socializing und Collaborate.

Focus. Das bedeutet ein fokussiertes Arbeiten, meist alleine. Also Phasen, in denen Wissen umgesetzt wird, recherchiert wird, E-Mails beantwortet werden, nachgedacht wird ... In durchschnittlich erfolgreichen Unternehmen liegt der Schwerpunkt, laut der Gensler Untersuchung, mit 50% der gesamten Arbeitszeit der Mitarbeiter deutlich auf dem fokussierten Arbeiten. Nicht so bei den Top-Performern, dort verbringen die Mitarbeiter 41% ihrer Arbeitszeit mit fokussierter Arbeit.

Die Amsterdam School of Entrepreneurship der Universität Amsterdam arbeitet gerade an der Umsetzung eines absolut neuen und innovativen Lehrkonzepts. Für Studenten aus allen an der Uni Amsterdam angebotenen Studienrichtungen wird gerade ein ideales Umfeld geschaffen, das sie zur Gründung ihres eigenen Unternehmens

Zukunftsinstitut :: work:design

bereits während des Studiums anregt. Mit der Unterstützung der Universität können sie dabei ihren Businessplan erstellen und ihren Zielmarkt untersuchen. Die Universität stellt für die studentischen Jungunternehmer auch das erste Büroumfeld zur Verfügung. Dazu wurde ein 275 qm großer Bereich der Uni renoviert und ein Büro mit zehn Einzelarbeitsplätzen und 40 Projektarbeitsplätzen geschaffen. Die zehn Einzelarbeitsplätze sind reduzierte weiße Kuben mit Farbakzenten in Schwarz. Hier sollen die Studenten ihre Geschäftsidee entwickeln und sich eigenständig mit der komplexen Geschäftswelt außerhalb der Unimauern auseinandersetzen. Gleichzeitig stehen ihnen für das Knüpfen erster Netzwerke die Projektarbeitsplätze zur Verfügung.

Learn. Hier geht es um das Aufsaugen von neuem Wissen und um die Weitergabe von Erfahrungen. Zuhören, Begreifen einerseits, Präsentieren und Vermitteln andererseits. Hier gibt es einen deutlichen Unterschied zwischen durchschnittlich erfolgreichen Firmen und den Top-Performern. Für Mitarbeiter in den führenden Unternehmen ist Lernen um 80% wichtiger als für jene in durchschnittlichen Unternehmen. (Quelle: Gensler) Wie man einen offenen Raum sehr schnell in einen Lernraum zum Präsentieren und zur Vermittlung von Wissen umwandeln kann, zeigt der Cocoon Room am Campus des Brandcenters der VCU Universität in Richmond, Virginia. Hier kann ein an sich offener Raum durch das Absenken einer textilbespannten Konstruktion in einen Seminarraum verwandelt werden. Das Erzeugen von unterschiedlichen Raumsituationen kann gerade dabei helfen, die diversen Anforderungen leicht zu lösen.

Für Mitarbeiter in führenden Unternehmen ist Lernen um 80% wichtiger als in durchschnittlichen Unternehmen

Collaborate. Übergreifende Zusammenarbeit ist ein Schlüssel zum Erfolg in der Wissensökonomie. Die Netzwerkkultur ist das ideale Prinzip dafür. Deshalb bekommt das Zusammenarbeiten auch einen enormen Stellenwert für Mitarbeiter von Top-Performern. Für diese ist der Faktor des gemeinsamen Arbeitens um 104% wichtiger, als das in durchschnittlichen Unternehmen der Fall ist. (Quelle: Gensler) Unternehmen sollten in Zukunft übergreifende Zusammenarbeit ohne Barrieren zulassen.

Das neue Büro von LEGO in Billund ist der gebaute Ausdruck von kreativer Kollaboration. Der Hersteller der berühmten Bausteine verbindet in seinem Büro Spiel und Arbeit auf geniale Weise. Das Büro ist ein Mix aus offenen Meetingräumen, Flächen für die spontane Präsentation und Diskussion neuer Produktideen, Einzelbüros, einer „Fun Zone" und dem Bereich der Produktentwicklung, der zum Ausprobieren und Spielen einlädt. Die so erworbenen Erkenntnisse können dann gleich im Produktentwicklungsprozess genutzt werden. Ziel der Gestalter war es, eine Atmosphäre zu schaffen, wo die Mitarbeiter offen und kreativ miteinander umgehen und innovative Ideen schon in der Luft des Büros hängen. Das Pflichtenheft von LEGO enthielt die Aufforderung, spontane informelle Meetings und Diskussionen zu den Projekten zu ermöglichen, denn laut LEGO-Management ist das produktivste Arbeitsumfeld jenes, das neue Ideen und Beziehungen innerhalb der Teams, vor allem aber auch teamübergreifend entstehen lässt.

Socializing. Es ist schwierig, dieses Wort ins Deutsche zu übersetzen. Sozialisieren, könnte man sagen. Aber im Grunde ist hier von einem Faktor die Rede, den man gewöhnlich nicht als „Arbeit" bezeichnen dürfte. Dabei kennen wir ihn alle, den Mythos von den besten Ideen, die einem beim spontanen Kaffee oder dem Feierabendbier begegnen. Dass dies immer noch ein Mythos ist und nicht schon längst gelebte Realität, liegt an unserer Geschichte. Wir sind es einfach nicht gewohnt, es Arbeit zu nennen, wenn ganz ohne Schweiß und Stress die glorreiche Idee fast wie aus dem Nichts auftaucht. Top-Performer unter den Unternehmen sehen das offensichtlich anders. Der Faktor des Socializings ist dort um 185% höher als bei den durchschnittlich Erfolgreichen. (Quelle: Gensler)

DER IDEALE BÜRO-ARBEITSPLATZ

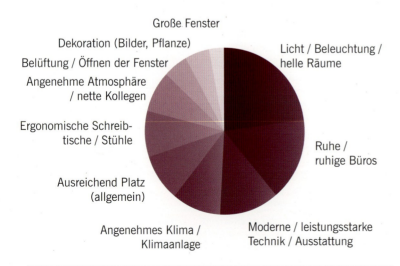

Quelle: Union Investment, 2011

Evolution von Arbeitsräumen

Gummo
Bunt zusammengewürfelte Möbel, mit dunkelgrauem Polyurea überzogen; so bringt die Amsterdamer Werbeagentur Gummo trotz schmalem Budget ihre Unternehmenskultur zum Ausdruck.

Zukunftsinstitut :: work:design

RAUMKONZEPTE FÜR WISSENSARBEITER

Um wie viel mehr Top-Performer die jeweiligen Raumkonzepte nutzen als durchschnittlich erfolgreiche Unternehmen, in Prozent

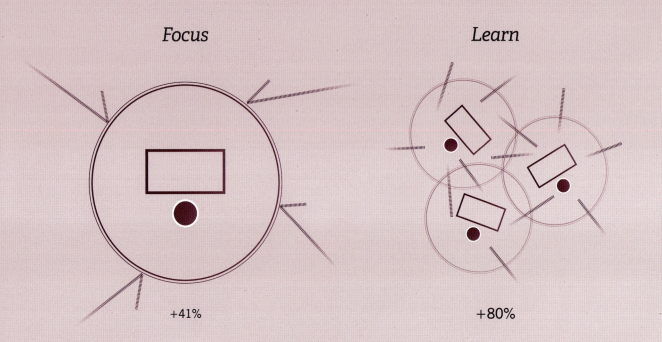

Focus

+41%

Learn

+80%

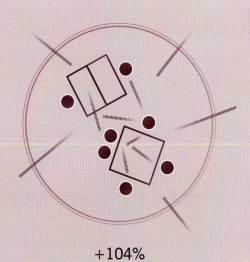

Collaborate

+104%

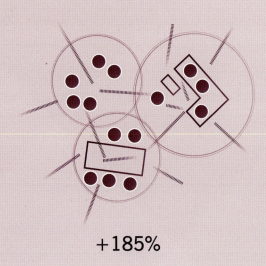

Socializing

+185%

Quelle: Gensler; Visualisierung Zukunftsinstitut

Evolution von Arbeitsräumen

Die ==Kantine des Redaktionshauses== des Spiegel aus dem Jahr 1969 ist ein Designklassiker. Das Meisterstück von Verner Panton wurde jetzt geadelt und übersiedelte vor Kurzem als Design-Ikone aus dem Verlagshaus ins Hamburger Museum für Kunst und Gewerbe. Ein großes Kompliment für die Gestaltung „unterläuft" dem Spiegel, wenn er in der Präsentation seines Verlagshauses schreibt: „Als Kantine und Snackbar im Sommer 1998 renoviert werden sollten, erhielt der SPIEGEL-Verlag (…) vom Amt für Denkmalschutz die Auflage, den Zustand originalgetreu wiederherzustellen. Mit der Folge, dass der Teppich eigens nachgewebt werden musste – und die Kantine mitunter von Passanten mit einem öffentlichen Restaurant verwechselt wird." Die erzwungene Aufwertung des Raums blieb nicht ohne Effekt: Die Kantine erzeugt eine Atmosphäre in der Austauschs und Kommunikation leicht fallen. (Quelle: SpiegelGruppe)

Total Acces Communication aus Bangkok hat diese Idee mit dem ==dtac House== auf die Spitze getrieben. Der Telekomanbieter hat in sein zwanzigstöckiges Bürocenter ein Stockwerk für Entspannung und sportliche Betätigung eingeplant. Dort findet man eine Laufbahn, Indoor-Spielfelder, einen Fitnessclub und Fitnessgeräte. Das Designteam von Hassell hat dafür gesorgt, dass all diese Aktivitäten in einem stylischen Umfeld stattfinden können.

Die gerade eben genannten Anforderungen an Wissensarbeiter gilt es in Zukunft durch unterschiedliche Raumqualitäten zu manifestieren. Damit erlöst man die Komplexität des Alltags: Denn für Mitarbeiter ist es schier unmöglich, die gesamte Arbeit von ein und demselben Platz aus zu tun. Kaum einer kann an seinem Schreibtisch kreativ arbeiten. Kaum jemand schafft es, in einem Großraumbüro konzentriert zu lesen. Die wenigsten fühlen sich in Seminarräumen wirklich aufnahmebereit. Ortswechsel schaffen Überblick, Freiraum und neue Möglichkeiten. Dies fördert die Kreativität und die Zusammenarbeit. Damit definieren wir Arbeitsplatz neu: Das gesamte Büro wird zum Teil des Arbeitsplatzes, nicht umgekehrt. Konzentration, Präsentation und Inspiration sollten durch die Gestaltung der Räume gefördert werden. Und natürlich die Kooperation: „Die wirkliche Begegnung mit wirklichen anderen ist für die Entwicklung des Menschen unabdingbar, diese sind durch etwas anderes nicht zu ersetzen." (Guggenberger)

Das schwedische Designerteam von Electric Dream gestaltet für Fabric Retail Glbl. ein Büro, das die ==Idee des Ortswechsels== auf die Spitze treibt. Der Gedanke, der dem Fabricville zugrunde liegt, ist jener, dass das Hauptquartier eines erfolgreichen Unternehmens dem Leben in einem Dorf sehr ähnlich. Also wurden die langen, schmalen Gänge in Dorfstraßen umgewandelt. Aus den einzelnen Büros und Designlabors wurden Häuser, die sich entlang dieser Dorfstraße aneinanderreihen und Raumlösungen für die unterschiedlichsten Arbeitsschritte zur Verfügung stellen. In einem Interview mit der Internetseite knstrct.com beschreibt die Chefdesignerin Catharina Frankander das Konzept: „In diesem Büro treffen sich Mitarbeiter mit den verschiedensten Aufgaben. Sie haben alle verschiedene Anforderungen an die Arbeitsräume. Viele unterschiedliche Herangehensweisen werden zu den verschiedensten Zeitpunkten genutzt. Dazu braucht es offene, für alle zugängliche Bereiche genauso wie Rückzugszonen, Orte des Umsetzens genauso wie Erholungs- und Entspannungsorte." Im Fabricville wird der Trend zum Arbeiten an Third Places (mehr dazu im Kapitel zum Third Place Working) inhouse umgesetzt und im kreativsten Sinne des work:design genutzt.
(Quelle: knstrct.com/tag/fabricville/)

Die Intelligenz der Räume
Durch Architektur und Innenarchitektur gestalten Unternehmen die dritte Intelligenz im Arbeitsprozess: Nummer eins sind die Menschen, Nummer zwei die Arbeitsgeräte (wie z.B. Computer), Nummer drei ist der Raum. Mit seiner permanenten und impliziten Wirkung auf den Menschen und damit auf die Organisation ist der Raum ein kritischer Erfolgsfaktor für Unternehmen. Schon an der Lobby eines Unternehmens lässt sich diese Wirkung gut demonstrieren. Betritt man die Santander Consumer Bank in Deutschland, steht man in einem Café. Hier wird man willkommen geheißen und verpflegt. Man fühlt sich unweigerlich heimisch und wohl. Die Architektur gibt hier eine unausgesprochene, aber klare Botschaft: Fühl dich wohl! Auch bei Deloitte in Wien ist das so. Als Besucher landet man an einem sehr smart designten Empfang. Anschließend befinden sich die Seminar- sowie Besprechungsräume und eine Bibliothek. Hier ist gebündeltes Wissen, was sofort als Eindruck auf den Besucher wirkt und als Erinnerung bleibt. An diesen zwei Beispielen kann man nachvollziehen, was die Raumpsychologie meint. Dort spricht man davon, dass der „gelebte Raum mehr ist als seine Tiefe,

Die wahre Qualität eines Raumes wird durch das Verhalten der Menschen in dem Raum sichtbar

Breite und Höhe. Wird der Raum zuallererst durch Bewegung konstituiert, so wird er indes durch Wahrnehmen und Verhalten erschlossen" (Kruse, 1990). Die wahre Qualität eines Raumes wird also durch das Verhalten der Menschen in dem Raum sichtbar. Und in einer Wirtschaftskultur, die mehr denn je auf Dialog, Austausch, Kreativität und Gespür aufbaut, sollten Räume eben dies fördern.

Damit kann man sich schon gut vorstellen, wie sehr der Raum einen Einfluss auf die Leistung hat, die in einem Unternehmen erbracht werden kann. Der Raum fördert und fordert. Gerade weil es zunehmend auch um emotionale Faktoren geht. Denn: So abstrakt und komplex die neue Arbeitswelt auch erscheinen mag, so neu und anders werden auch die Antworten in den Büros der Zukunft ausfallen. Emotionale Faktoren werden in die Gestaltung des Arbeitsraums der Zukunft integriert: wie zum Beispiel das Wohlfühlen. Roman Muschiol beschreibt dies in seiner empirischen Studie zu „Begegnungsqualität in Bürogebäuden" so: „Es bedarf einer Förderung der emotionalen Faktoren, um die Produktivität im Wissenssektor nachhaltig zu fördern. Die Wohlfühlqualität im Büro dient damit keinem Selbstzweck." Damit avanciert Wohlfühlen zum Produktivitätsfaktor. Das ist neu, trifft aber genau das Empfinden. 69% der Deutschen erklären, dass ein angenehm gestaltetes Arbeitsumfeld hilft, auch in besonders stressigen Zeiten hohe Leistungen zu erbringen (Messe Frankfurt, Heimtextil/Zukunftsinstitut 11/2011). Dass gerade Frauen auf die Emotionalität am Arbeitsplatz mehr Augenmerk legen, zeigt auch der Unterschied in der Geschlechterbetrachtung. Denn 64% der Männer stimmen der oben erwähnten Tatsache zu – aber sage und schreibe 75% der Frauen. Dieses Urteil über das Wohlfühlambiente in Büros ist signifikant und beißt sich mit der alten Vorstellung von Leistung und Produktivität. Dieses Wohlfühlklima hat viel mit der weiter vorne beschriebenen neuen Art der Arbeit zu tun, mit der wir immer öfter unsere Wertschöpfung erzeugen. Für die Gestaltung von Büros braucht es daher einen Mentalitätswechsel, oder wie es die Designer von Pearsonlloyd auf den Punkt bringen: „Es bedarf Aufgeklärtheit, Realitätssinn und Progressivität, um zu erkennen, dass auch jemand, der auf einem Sofa sitzt, MEHRWERT für das Unternehmen schafft."

Emotionale Faktoren werden in die Gestaltung des Arbeitsraums der Zukunft integriert: das Wohlfühlen

Orte prägen unsere Kultur, und umgekehrt
Trennungen zwischen Abteilungen, feste Arbeitsverträge, fixe Arbeitsplätze, Wissen von gestern: Vieles löst sich auf und wird komplexer, unübersichtlicher und unschärfer. Im Umkehrschluss bedeutet dies aber, dass Orte für Menschen immer wichtiger werden. An Orten herrscht ein Klima, dort ist Atmosphäre, dort ist Inspiration oder Rhythmus. Im Arbeitsalltag des 21. Jahrhunderts wird die physische Gestaltung der Arbeitsumgebung deshalb zunehmend wichtiger. Weil Orte Konzentration bündeln. Weil dort Rituale entstehen können, die Menschen „halten" oder „anziehen". Orte bieten Möglichkeiten und formen aufgrund ihrer schieren Trägheit Kulturen mit. Gibt es eine Kantine oder viele Bistros am Standort? Gibt es Rückzugsräume oder nur Großraum-Plätze? Jede Entscheidung in der Raumplanung hat eine Auswirkung auf die Lebensumstände der Menschen, die sehr viel ihrer Wachzeit dort verbringen.

Das Büro der Amsterdamer Werbeagentur Gummo zeigt, dass sich ==Büroräume mit Anspruch zur Kulturstiftung== auch unter widrigen Umständen umsetzen lassen. Im Zuge einer Zwischenlösung mietete Gummo für den begrenzten Zeitraum von zwei Jahren eine Büroetage in dem alten Gebäude der Zeitung „Parool". Da es sich um eine Interimslösung handelte, begrenzte man das Budget für die Bürogestaltung auf schmale € 30.000 für 450 qm. Einen Teil der Büromöbel nahm man aus dem alten Büro mit, den Rest der Möbel kaufte man günstig über „marktplaats", ein niederländisches Pendant zu eBay, oder auf Flohmärkten. Anschließend beschichtete man die bunt zusammengewürfelten Möbel mit dunkelgrauem Polyurea. Es entstand ein stylisches und in unzähligen Design-Publikationen präsentiertes Büro, das auf smarte Art die gegebenen Beschränkungen in Stärken umwandelt. Außerdem kommuniziert es rein aus sich heraus eine der Kernideen der Unternehmenskultur von Gummo: Nachhaltigkeit im Sinne von „reduce, reuse, recycle".

Physische Unternehmensorte haben gerade in Zukunft die Aufgabe, neben den Grundfunktionen der Arbeit eben diese fühlbare Schwingung zu erzeugen, die den Menschen innerlich Halt gibt. Die sie entspannen lässt, auch wenn im Außen alles verschwommen wirkt. Die Gestaltung von Büros ist demnach nicht nur eine ästhetische oder funktionale Aufgabenstellung, sondern vor allem eine kulturelle. Im Prinzip geht es darum, in den Büros der Zukunft:

1.) die Menschen im Unternehmen „mitzunehmen"
2.) die Historie der Unternehmen wertzuschätzen und
3.) die Zukunft für alle begreifbar zu machen.

Evolution von Arbeitsräumen

Next Door
Die Universität Amsterdam stellt für studentische Jungunternehmer ein erstes Büroumfeld zur Verfügung. Die reduzierten weißen Kuben dienen dabei als Einzelarbeitsplätze.

Zukunftsinstitut :: work:design

Fabric
Ein Büro, das die Idee des Ortswechsels auf die Spitze treibt. Aus einzelnen Büros und Designlabors wurden Häuser, die sich entlang einer Dorfstraße aneinanderreihen.

Evolution von Arbeitsräumen

Red Bull London
Wie hier im Red Bull Büro in London wird immer häufiger das Hierarchieproblem gelöst: Rutschen verbinden Stockwerke, die meist als Bremse für fließende Übergänge und komfortables Zusammenarbeiten gelten. Damit verwandelt sich der wenig sympathische Ort „Treppenhaus" zu einem speziellen Ort, der Spaß macht. Wie überhaupt die Treppen zu einem immer wesentlicheren Element bei der bewussten Gestaltung von Übergängen werden.
www.jump-studios.com

Arbeitsblatt

FUTURE FACTS:

» **Außergewöhnliche Ideen brauchen außergewöhnliche Umgebungen**: 94% der Menschen haben ihre besten Ideen nicht an ihrem Arbeitsplatz. Stattdessen: 17% am Sofa, 14% in der Dusche, 12% beim Sport.

» **Die Produktivität im Büro ist in der Vergangenheit kaum gestiegen**: Während die Produktivität bei der herstellenden Industrie seit den 40er Jahren des letzten Jahrhunderts in puncto Effizienz um das 14-fache gesteigert wurde, blieb es bei der Büroarbeit bei einer Verdopplung.

» **Informelle Kommunikation ist ein Erfolgstreiber**: Der Faktor des Socializings ist bei den erfolgreichen Unternehmen um 185% höher als bei den durchschnittlich Erfolgreichen.

» **Wohlfühlen erhöht die Produktivität**: 69% der Deutschen erklären, dass ein angenehm gestaltetes Arbeitsumfeld hilft, auch in besonders stressigen Zeiten hohe Leistungen zu erbringen

Alle Daten aus diesem Kapitel.

Stellen Sie sich vor, eines dieser Rechtecke ist der stark vereinfachte Grundriss Ihres Büros. Zeichnen Sie nun hier Ihre häufigsten Wege im Büro ein. Von wo gehen Sie wohin? Bewegen Sie sich häufig von Ihrem Schreibtisch zum Meeting Room? Oder zur Cafeteria? Oder haben Sie keinen fixen Schreibtisch, sondern pendeln zwischen verschiedenen Arbeitsorten im Büro?

Bitten Sie jetzt drei weitere Kollegen, das Gleiche in den drei weiteren Rechtecken darzustellen.

Nun wird es spannend: Gibt es Orte, die Sie alle besonders häufig frequentieren? Wo sind Schnittpunkte, an denen man sich häufig trifft?

CRASHKURS:

Nutzen Sie in der nächsten Woche Orte innerhalb Ihres Unternehmens, die Sie im Normalfall kaum oder gar nicht frequentieren.

Beispiel:

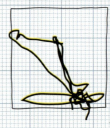

futureworks:
Trends erkennen. Zukunft machen.

Arbeitsblatt

KAPITEL #3

Lernen lernen

Mit work:design werden Unternehmen zu lernenden Organismen

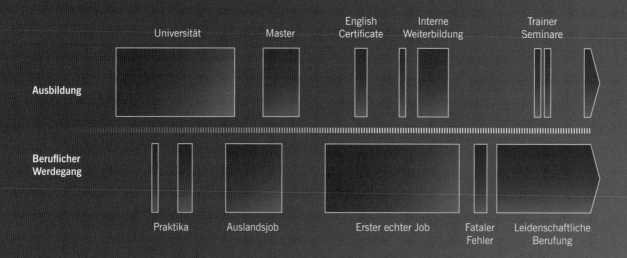

Lernen ist ein Schlüssel moderner Arbeitswelten. In Zukunft werden die Lernmethoden immer kreativer in den Arbeitsalltag integriert. Denn ausgelernt wird man nie mehr haben.

Lernen lernen

Mittlerweile ist es jedem klar: Wir lernen nie aus. Unter dem Stichwort „Lebenslanges Lernen" hat sich die Weiterbildung als entscheidender Schlüssel für die Zukunft etabliert. Ein bestimmender Faktor dafür ist die demografische Entwicklung: Die Erwerbsquote der 60- bis 64-Jährigen ist laut EU-Statistikbehörde Eurostat seit dem Jahr 2000 von 23% auf 31% gestiegen. Doch wie ist die Stimmung bei den älteren Arbeitnehmern? Eine Europarometer-Umfrage ging dieser Frage auf den Grund. Das Ergebnis: Ein Drittel der Arbeitnehmer und die Hälfte der Selbständigen können sich ein Weiterarbeiten nach dem Erreichen des Pensionsanspruchs vorstellen (Quelle: Europarometer, Europäische Kommission, 2011). Für diese Gruppe hat das Zukunftsinstitut den Begriff Silverpreneure geprägt: Sie diskutieren nicht über die Rente mit 67, sie machen sowieso weiter, weil sie Arbeit nicht als täglichen Frondienst erleben. Klar ist aber: Je länger die Spanne des „aktiven Arbeitens" wird, desto höher ist der Bedarf, auch ständig Neues zu lernen und sich auf Veränderungen einzulassen.

Die Notwendigkeit dafür ergibt sich für beide Seiten: Für den Arbeitnehmer bedeutet lebensbegleitendes Lernen die Chance, immer wieder einen guten Job zu bekommen. Dies gilt sowohl für Festangestellte, Teilzeitkräfte als auch für Freiberufler und Selbständige. Zunehmend komplexere Aufgaben und Arbeitsumfelder erfordern stetig mehr Wissen und Kompetenzen von den handelnden Personen. Und für den Arbeitgeber bedeutet das Finden und Halten hochqualifizierter Mitarbeiter den entscheidenden Wettbewerbsvorteil. Dabei ist der Begriff des Lernens für Unternehmen umfangreicher gefasst: Es geht nicht nur um die Weiterbildung der Mitarbeiter, sondern auch um ein wissensökonomisches Organisationsprinzip.

Lernen reicht aber über die rein wirtschaftlichen Kriterien weit hinaus, denn die stetige Erweiterung unserer Fähigkeiten ist ein wesentliches Merkmal unserer menschlichen Persönlichkeit. So hat etwa eine repräsentative Umfrage der Bertelsmann Stiftung ergeben, dass 86% der Erwachsenen einen direkten Zusammenhang zwischen Lernen und persönlichem Glück und Wohlbefinden sehen. In der gleichen Umfrage sieht sich übrigens nur jeder dritte Befragte (31%) durch die Schul- und Berufsausbildung gut auf die Anforderungen in Beruf und Alltag vorbereitet. Dies erhöht die Anforderung, insbesondere im Umfeld von Arbeit und Unternehmen, vermehrt auf Bildung zu setzen.

In drei Dimensionen kann man dabei den Wandel der Bildung gut sichtbar machen:

Dimension 1

Die Symbiose von Lernen und Arbeit

Die Biographien des Industriezeitalters waren typischerweise dreiteilig geprägt: In der Jugend lernen, als Erwachsener arbeiten, im Alter Ruhestand. Die vielschichtigen Biographien des 21. Jahrhunderts und die Dynamik des Wandels machen dieses Konzept obsolet. Ebenso obsolet übrigens wie den Begriff der Ausbildung, der nahelegt, dass man zu einem bestimmten Zeitpunkt aus-gebildet sein kann. Schon heute zeigen Zahlen des BiBB (Bundesinstituts für Berufsbildung) dass nur noch rund ein Drittel der Arbeitnehmer im erlernten Beruf arbeitet, ein weiteres Drittel in einen verwandten Beruf gewechselt ist und rund ein Drittel einen völlig anderen Beruf als den erlernten ausübt (Quelle: BiBB/BAuA-Erwerbstätigenbefragung, 2006). Dies bestätigt, dass Bildung niemals „aus" sein kann; völlig unabhängig vom ursprünglich erlernten Beruf oder bereits erreichten Bildungsstatus wird andauerndes und fortwährendes Lernen notwendig und wünschenswert sein.

> *Man wird nie „fertig" sein, weshalb Bildung nie „aus" ist*

Und damit verknüpfen sich Arbeit und Lernen noch stärker, als das bislang bereits der Fall war. Etwa: Wie gestaltet man eine Arbeitsumgebung, in der gerne und gut gelernt wird? Wie gestaltet man die Parallelität zwischen Lernphasen und Arbeitsphasen, und wie die Auszeiten? Wie schafft man es, dass Lernen nicht zur dritten Belastung nach Arbeit und Familie wird, sondern zu einem integrierten Bestandteil des Lebens?

Neue Arbeitszeitmodelle und ein daran angepasstes Verständnis von Führung und Karriere weisen die Richtung. Der portfolioartig strukturierte Lebenslauf mit vielen Umwegen wird von der Ausnahme zur gängigen Praxis: Während hochproduktiver Lebensphasen scheiden Mitarbeiter aus Unternehmen aus, um Kreativpausen zu nehmen oder intensive Weiterbildungsmaßnahmen wie etwa Post-Graduates zu absolvieren. Dies wird von Unternehmen zunehmend nicht nur akzeptiert, sondern sogar gefördert, etwa durch Sabbatical-Programme. Denn was ehemals als „Aussteiger" verpönt war, wird heute als „Karrierebeschleuniger" empfunden. So bietet die Deutsche Bahn ab dem Jahr 2012 ein besonders großzügiges Sabbatical-Programm an. Es richtet sich an rund 3000 Führungskräfte der DB und ermöglicht ihnen, für sechs Monate aus dem Beruf auszusteigen, um den Horizont zu erweitern und neue Kraft zu sammeln. Die Kosten für das Sabbatical werden dabei mit den zukünftigen Bonuszahlungen der Führungskräfte verrechnet (Financial Times Deutschland, 2011).

Neue Lernformen ermöglichen es immer besser, keine strikte Trennlinie zwischen Arbeiten und Lernen ziehen zu müssen, sondern die beiden Welten symbiotisch miteinander zu verbinden. So wie auch der Begriff der Work-/Life-Balance eigentlich überholt ist, weil wir eben keine künstliche Grenze zwischen Arbeit und Leben ziehen können, sondern damit umgehen lernen, dass Arbeit ein Bestandteil unseres Lebens ist, der sich immer seltener in ein enges zeitliches Korsett pressen lässt. In diesem Sinne gibt es auch keine Work-/Learn-Balance, die etwa Schulungstage pro Mitarbeiter und Jahr kalkuliert, sondern ein permanentes Ineinandergreifen von Arbeiten und Lernen – mal in längeren Phasen (z.B. im Sabattical), mal in kurzen Abschnitten (z.B. durch interaktive Lernmodule am Arbeitsplatz).

Dimension 2

Persönliche Fähigkeiten statt Fachwissen

Die Vielzahl der heute existierenden Berufsbilder und deren stetiger Wandel machen es nahezu unmöglich, „einen Beruf zu erlernen". Wer das nicht glaubt, wirft am besten einen Blick in die Tageszeitungen: Case-Manager, Energieberater, Food-Stylist, Gamedesigner, Infobroker, Kryptoingenieur, Storyliner – alles Jobtitel aus aktuellen Stelleninseraten. Ganze Branchen entstehen innerhalb weniger Jahre: Social Media, Mobilfunk, alternative Energien, Bio-Lebensmittel. Die darin existierenden Jobs hat es in dieser Form vor 15 Jahren noch nicht gegeben, manche davon wird es möglicherweise in 15 Jahren nicht mehr geben, dafür werden neue entstanden sein.

Parallel dazu verändern bestehende und langjährig vertraute Berufsbilder ihren Kontext; selbst wenn die Berufsbezeichnung die gleiche geblieben ist, so haben sich doch in nahezu jedem Beruf das Aufgabengebiet und die Anforderungen in der Praxis massiv gewandelt und weiterentwickelt. In der Konsequenz bedeutet dies einen steigenden und sich verändernden Ausbildungsbedarf auch für gut eingeführte Berufe.

DANK WORK-/LIFE-/LEARN-BALANCE

Anteil der Unternehmen, die persönliche Entwicklung mit Arbeitszeit-Flexibilisierungsmaßnahmen unterstützen (Prozent)

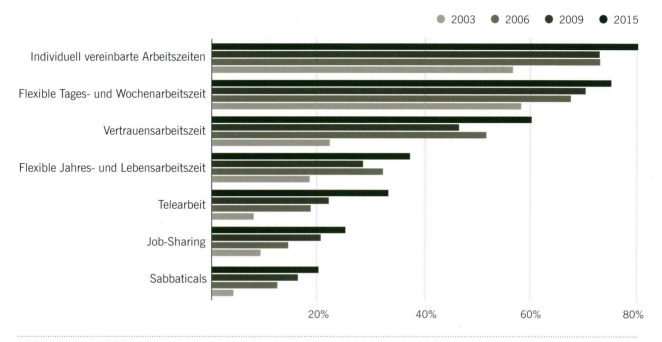

Quelle: Institut der deutschen Wirtschaft Köln 2010; Prognose: Zukunftsinstitut

Es gelingt auch immer seltener, sich mittel- und langfristig auf gezielte Berufsbilder vorzubereiten. Denn schon heute ist es so, dass sich noch während der Ausbildung das Berufsbild verändert. Die explosionsartige Vermehrung und gleichzeitig sinkende Halbwertszeit von Wissen erfordern es, neben den faktischen Wissenserwerb vor allem jene sozialen Kompetenzen zu stellen, die es ermöglichen, die effektive Nutzung von Wissen zu erlernen und zu forcieren. Es werden also jene breitflächig verwendbaren Skills in den Vordergrund gestellt, die berufliche Beweglichkeit ermöglichen – innerhalb des eigenen Berufs und über seine Grenzen hinaus.

Diese vielfach als „soft" verkannten Fähigkeiten lassen sich erstaunlich gut erkennen und beurteilen: Unternehmen setzen dazu sog. Competency Maps ein, in denen die einzelnen Disziplinen in aufsteigenden Reifegraden formuliert werden. Durch Selbsteinschätzung und Beurteilung von Kollegen, Führungskräften und Mitarbeitern entsteht eine 360-Grad-Perspektive, die Ausgangspunkt der Weiterentwicklung ist.

Interessanterweise sind diese Kompetenzen nicht nur in formalen Ausbildungsprogrammen erlernbar, sondern wachsen und gedeihen insbesondere in zukunftsorientierten Unternehmenskulturen.
So wird Medienkompetenz vor allem auch in einem Umfeld entstehen, in dem nicht nur auf E-Mail und Telefon als alleinige Kommunikationsmittel gesetzt wird, sondern ein breites Portfolio an Medien eingesetzt wird, von Wikis über Social Media bis hin zu multimedialer Meetingtechnologie.
Initiative, Eigenverantwortung und Unternehmergeist setzen voraus, dass Intrapreneurship gelebt und gefördert wird: selbständiges Denken und Handeln innerhalb des Unternehmens anstatt möglichst exakten Abarbeitens eng vordefinierter Aufgaben, Hinterfragen von Strukturen und Standards statt hierarchisch begründeten blinden Gehorsams.

Und Innovation entsteht vor allem in einem Kreativität fördernden Umfeld, in dem lustvoll nach Neuem gesucht wird, in dem experimentiert wird und Fehler gemacht werden dürfen. Wirklich entfalten kann sich Kreativität nur in einem entsprechenden Klima. Natürlich gibt es gute Ausbildungsprogramme und unterstützende Werkzeuge zum Erlernen und Anwenden dieser Kompetenzen. Kreativität etwa kann durch Anwendung von geeigneten Techniken und Prozessen gut unterstützt werden. Wichtig

Heute ist es so, dass sich noch während der Ausbildung das Berufsbild verändert

Innovation entsteht vor allem in einem Kreativität fördernden Umfeld

Das untrennbare Paar aus formaler Ausbildung und unternehmenskulturellen Maßnahmen entwickeln

ist dabei: Unterstützung der Menschen in der Praxis. Seminare und Workshops sind letztlich nur so wirksam, wie das neu Erlernte auch in der Praxis gelebt werden darf! Deshalb empfiehlt es sich, zu den gefragten Zukunftskompetenzen jeweils das untrennbare Paar aus formaler Ausbildung und unternehmenskulturellen Maßnahmen zu entwickeln.

„Wie oft haben Sie in den letzten sieben Tagen ein inspirierendes Gespräch geführt?" fragt der Rechner beim Hochfahren. Diese und gelegentliche andere kleine Fragen an Mitarbeiter, Vorgesetzte und Chefs helfen, das kreative Klima eines Unternehmens laufend zu messen und somit nachhaltig zu verbessern. Entwickelt wurde dies von Arbeitswissenschaftlern an der Ruhr-Universität Bochum und am Kölner Institut für Angewandte Kreativität. Das sogenannte ==Kreativbarometer== basiert auf maßgeschneiderten Fragen für das Unternehmen und seine Mitarbeiter und bezieht nicht nur das Arbeitsumfeld ein, sondern auch die Freizeit. Die Ergebnisse werden in Form einer Klimakarte angezeigt. Wenn die Werte eines bestimmten Bereichs unterschritten werden oder das einmal erreichte Niveau deutlich zurückgeht, wird ein interner Kommunikationsprozess angestoßen, der in geeignete Maßnahmen mündet. Sie können z.B. darin bestehen, dass die Arbeitsaufgaben interessanter gemacht werden, dass man versucht, Zeitdruck abzubauen, oder dass man mehr Anregungen anbietet, ein wenig „Brainfood".

Dimension 3

Lernen wird aktiv und lebendig

Viel zu sehr sitzen althergebrachte Vorstellungen von Lernumgebungen und Lernsituationen in unseren Köpfen fest und manifestieren sich in der Praxis. Gerade Lernen im beruflichen Kontext wird vielfach auf zwei Geschmacksrichtungen reduziert: formales Lernen in Frontalunterricht-Settings (gerne eingesetzt für die Vermittlung von Wissen) oder Workshops mit Outdoor- oder Indoor-Charakter (vornehmlich für die Vermittlung der sogenannten Soft Skills verwendet). Doch Bilanzlesen kann man auch ohne staubtrockene Vorlesungen lernen und Teamwork ohne gemeinsames Rafting-Seminar.

Zukunftsorientiertes Lernen findet auf wesentlich vielfältigere Weise statt und umfasst die gesamte Bandbreite unserer Wahrnehmungsfähigkeiten und auch eine größere Fülle an zugrunde liegenden Organisationskonzepten. Dazu zählt eine breite Palette an Lernformen: Lernspiele, E-Learning, Blended Learning, Remote & Distance Learning, Simulationen, Fallstudien, Multimediales Lernen u.v.m.

Der Energiekonzern RWE setzt auf ==lernende Simulationen== für die Schulung seiner Kraftwerkstechniker. Die Betriebsdauer der Kraftwerke übersteigt oft die Betriebszugehörigkeit der Mitarbeiter. Daher ist es wichtig, das Erfahrungswissen der Mitarbeiter zu sammeln, zu bündeln und für neue Mitarbeiter abrufbar zu machen. Dafür nutzt RWE virtuell-interaktive Schulungsumgebungen, in denen das virtuelle Abbild der eigentlichen technischen Anlage das Bedienen von Maschinen erlaubt und das Wissen um die bereits erfolgten Bedienungen speichert. Die gemeinsam mit dem Fraunhofer Institut für Fabrikbetrieb und -automatisierung (IFF) entwickelte Umgebung findet beim technischen Personal hohen Zuspruch. „Früher mussten die Leute Unmengen an Papier lesen und verarbeiten. Heute schaut man sich in einem Bruchteil der Zeit die notwendigen Arbeitsschritte an, und alle haben den gleichen Wissensstand", sagt RWE-Mitarbeiter Paul Mecking, der an der Entwicklung beteiligt war.

Spielerisch lernen Bauarbeiter in dem Computerspiel „Don't drop", Sicherheitsmaßnahmen anzuwenden

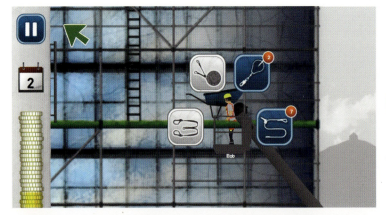

Screenshot: Don't Drop

Lernen lernen

WAS WIR LERNEN MÜSSEN

Die Skills der Zukunft

Die Welt meistern

- Initiative & Eigenverantwortung
- Unternehmergeist
- Soziales & interkulturelles Handeln
- Flexibilität & Veränderungsbereitschaft
- Führung

Gemeinsam Neues schaffen

- Innovation & Kreativität
- Probleme lösen
- Kommunikation
- Zusammenarbeiten

Die Welt verstehen

- Lernen
- Komplexität
- Wissensmanagement
- Medienkompetenz

Quelle: Franz Kühmayer, Zukunftsinstitut

Zukunftsinstitut :: work:design

BarCamp – Palomar5

Die Initiative Palomar5, benannt nach einer Sternenkonstellation, sucht Innovationen außerhalb der Konzernmaschinen und bringt 30 junge, individuelle und kreative Menschen aus aller Welt zu einem Workshop-Camp zusammen. Die Palomar5-Teilnehmer werden in einem Fabrikloft untergebracht und rundum versorgt – der perfekte (Frei-)Raum, um an Projekten für die Welt von morgen zu basteln. Es geht hier eben nicht nur um innovative Ideen, sondern vor allem darum, diese zu Ende zu denken und sie erlebbar zu machen. Die Ergebnisse dieses Camps werden schließlich bei einem Abschlussevent präsentiert. Finanziert wird dieses Camp durch Sponsoren wie die Deutsche Telekom oder Coca-Cola, die schließlich von den präsentierten Innovationen profitieren.
www.palomar5.org

Sogenannte Serious Games, also Lernspiele für Erwachsene, machen sich die psychologischen Grundmuster von Spielen zu Nutze, um Lernen zu erleichtern. Sie sind unterhaltsam, enthalten sowohl Teamwork wie auch Wettbewerb und unterstützen den Wissenserwerb durch immer neue Bedingungen. Auf diese Weise schließen sie die Lücke zwischen Bildung und der Anwendung von Wissen.

Vier österreichische Unternehmen aus dem bauaffinen Bereich, ALPINE, Palfinger, doka und Skylotec, haben gemeinsam mit Roland Haagen und der Fachhochschule Salzburg das ==Lernspiel „Don't drop"== entwickelt. Damit soll den Mitarbeitern auf den Baustellen auf spielerische Weise das Thema Arbeitssicherheit nahegebracht werden. Dabei müssen Bauarbeiter, die selbständig auf der virtuellen Baustelle tätig sind, vom Spieler in der Rolle des Poliers mit Sicherheitsausrüstung ausgestattet werden. Zuvor werden die virtuellen Mitarbeiter von den Spielern über die richtige Anwendung der Sicherheitsausrüstung instruiert. Dies funktioniert nur, wenn die Spieler selber mit den Sicherheitseinrichtungen vertraut sind. Die Wahl der richtigen Sicherheitsausrüstung für verschiedene Aufgaben und das angemessene Sichern der Bauarbeiter bringt Punkte. Auf acht Spiellevels warten immer neue sicherungstechnische Herausforderungen auf die Spieler. Die App steht für Apple- und Android-Geräte zur Verfügung.

Vom Einzelnen zum Ganzen

Wenn Mitarbeiter fest angestellt sind, und das über Jahrzehnte hinweg, lassen sich Ausbildungspfade vergleichsweise einfach definieren. Die Frage nach dem Erhalt des Wissens für das Unternehmen stellt sich nur eingeschränkt. Wenn wir es aber mit einer Unternehmenszugehörigkeit von nur wenigen Jahren (und manchmal auch deutlich darunter) zu tun haben, bekommen diese Themen hohe Bedeutung. Zunehmend lose verbundene Organisationsformen, denen die Beteiligten oft nur phasenweise zugehörig sind, stellen demnach besondere Anforderungen an Lernkulturen dar.

Weiterbildung in Unternehmen ist künftig kein starres System mehr, das durch relativ stabile Ausbildungspläne gekennzeichnet ist. Im Gegenteil sollte man Bildung als ein emergentes System betrachten. Also als ein System, das vor allem durch die Wechselwirkung und Rückkopplung seiner Teilnehmer charakterisiert wird. Solche Systeme entziehen sich per Definition einfachen Steuerungs- und Managementmechanismen – in Zukunft entscheidet vor allem eine lernbegeisterte Unternehmenskultur über den Erfolg.

Die drei Kerneigenschaften lernbegeisterter Unternehmenskulturen

Unternehmen, in denen gerne und ständig gelernt wird, sind von drei Eigenschaften geprägt: Neugierde, Reaktionsfähigkeit, Lernfähigkeit.

» Mit **Neugierde** meinen wir einen Zustand wacher Aufmerksamkeit gegenüber der Umgebung, eine Durchlässigkeit für Signale von außen und darüber hinaus auch das aktive Suchen nach Neuem, nach Unvorhergesehenem, nach Entstehendem. Es ist ein Zustand produktiver Unruhe, in dem sich Unternehmen weder auf ihren Erfolgen ausruhen noch in Selbstbeschäftigung versinken, sondern permanent aufnahmebereit und -willig sind.

» **Reaktionsfähigkeit** ist die Kompetenz, aus der Fülle an durchaus widersprüchlichen und vor allem ungewichteten Signalen, die auf das Unternehmen einströmen, zielführende Informationen herauszulesen und zu verarbeiten. Es ist also eine zweistufige Fertigkeit, die zunächst komplexitätsreduzierend, zusammenfassend, Verständnis aufbauend agiert, um dann in weiterer Folge rasch und konsequent zu entscheiden und zu handeln.

» **Lernfähigkeit** hat ebenfalls eine konsolidierende Wirkung – einmal gemachte Erfahrungen sollen in Zukunft zu schnellerem und besserem Handeln führen. Das ist aber nur ein Aspekt, einer, der wohl besser mit „Üben" als mit „Lernen" bezeichnet wird. Lernen verleiht Organisationen vor allem auch die Fähigkeit, neue Entscheidungs- und Handlungsoptionen zu gewinnen, also das Portfolio an anwendbaren Strategien zu erweitern.

Ob Ihr Unternehmen eine lernende Organisation ist, wird daher weniger von der durchschnittlichen Anzahl an Trainingstagen pro Mitarbeiter bestimmt oder davon, ob Sie schon Wikis einsetzen oder noch nicht, sondern eher von der vorherrschenden Unternehmenskultur. Und das ist eine Frage der Haltung und der Leadership, die an der Spitze des Unternehmens beginnt.

Hilfreiche Eigenschaften auf dem Weg dorthin sind ein partizipativer Führungsstil, der Engagement, Eigeninitiative und Risiko belohnt; eine organisatorische Basis, die Fehlertoleranz unterstützt; eine ausgeprägte

Wahrnehmungsfähigkeit, etwa durch extreme Kunden- und Marktnähe aller Bereiche und Ebenen des Unternehmens; gut funktionierende formelle und informelle Kommunikationswege; und vor allem gegenseitiges Vertrauen, so dass sich eine konstruktive Kooperations- und Konfliktkultur ergibt.

Wissen: Es geht um Menschen
Der Versuch, einmal erlangtes Wissen im Unternehmen zu halten und allen Teilbereichen der Organisation zielführend zur Verfügung zu stellen, gewinnt in einer wissensbasierten Ökonomie naheliegenderweise an Bedeutung. Traditionellerweise unterscheidet man dabei zwischen explizitem Wissen, das auf die eine oder andere Weise formal beschrieben und somit festgehalten werden kann, und implizitem Wissen, das entweder nicht oder nicht einfach genug beschrieben werden kann. In die erste Kategorie fallen etwa Verfahrensinformationen, Produktbeschreibungen, aber auch Kundeninformationen. In die zweite Kategorie fallen Erfahrungen und Handlungsweisen von Mitarbeitern, die zwar wissen, wie man in einer Situation richtig agiert, dies aber nicht zielführend in einer schriftlichen Handlungsanweisung festhalten können – ein gutes Beispiel dafür ist etwa die Kochkunst eines Küchenchefs, der nach kurzer Geschmacksprobe „noch ein wenig mehr Salz" zugibt: unmöglich in einem Rezept festzuschreiben.

Mit beiden Facetten beschäftigt sich das breite Feld des Knowledge Managements und hat dazu eine Vielzahl von unterschiedlichen Werkzeugen und Prozessen entwickelt: von Geschäftsprozessmodellierung über Ontologien und Best Practice Sharing bis zu kommunikativen Verfahren.

Eines ist jedoch allen Modellen und Methoden gemein: Im Mittelpunkt steht der Mensch, und damit wiederum die Verantwortung für eine geeignete Führungs- und Managementkultur. Das beste CRM-System scheitert an der Frage, warum der Vertriebsmitarbeiter seinen größten Schatz – nämlich das Wissen über seine Kunden – in ein System füttern und sich selbst damit austauschbar machen soll; die tollste Ideenbörse zerbricht an einer kompetitiven Unternehmenskultur, die Abteilungen gegeneinander ausspielt und Wissen somit zum Machtfaktor werden lässt. Doch Wissensmanagement hat immer mit Teilen zu tun, und daher ist eine Kultur notwendig, in der „Abschreiben" belohnt wird – und zwar für beide Seiten. Innovation ist selten sprunghaft und aus dem Nichts entstehend, viel öfter basiert sie auf dem Erkennen von Nützlichem in Bestehendem, dem Neusortieren von Bekanntem und dem Neuordnen von Vorhandenem. Gute Ideen beruhen oft auf Vorwissen, auf dem Weiterführen von Gedankengängen und Fertigspinnen von Gedanken anderer.

In vielen Co-Working Spaces hat man das Potenzial zur Wissensgenerierung durch Vernetzung der verschiedenartigen Nutzer erkannt. Dort werden in regelmäßigen Abständen Skillsharing-Workshops veranstaltet. Dabei teilen die Co-Worker ihr Wissen untereinander. Wer will, kann Kurse anbieten, in denen er seine Expertise zu einer Fragestellung mit interessierten Mitbenutzern des Co-Working Spaces teilt. Das produktivhaus in Münster hat zum Beispiel schon einige Skillsharing-Workshops zu Themen wie XHTML und CSS, WordPress und Suchmaschinenoptimierung veranstaltet. Die Workshops finden laut produktivhaus Münster regen Anklang und erfreuen sich bei den Co-Workern großer Beliebtheit. Bei Skillsharing-Workshops wird „Abschreiben" belohnt, weil auch der Unterrichtende durch seine Vorbereitung neue Einsichten und Erkenntnisse zu seinem Wissen erhält.

Dem kalifornischen Open-Source-Programmierer Tim O'Reilly wurden die üblichen Kongresse mit ihren stundenlangen Monologen zu langweilig. Daher organisierte er 2003 kurzerhand selbst einige Treffen, die im Sinne des Open-Source-Gedankens ablaufen sollten: Es kommt, wer Lust hat, es spricht, wer etwas zu sagen hat, und jeder kann mitmachen. Die Treffen wurden in Pubs und Bars abgehalten, und das BarCamp war geboren (www.barcamp.org). In BarCamps werden Themen nicht mehr von Referenten hinter einem Pult behandelt, sondern die Teilnehmer selbst bieten ihr Wissen an, organisieren sich spontan zu Gruppen, teilen die Ergebnisse allen mit. Das entspricht dem Geist von Open Source, aus dem auch das Wissensportal Wikipedia und die Open-Source-Software Linux entstanden sind. Laut der Webseite t3n.de finden im ersten Halbjahr 2012 schon offizielle 12 BarCamps zu verschiedensten Themen im deutschsprachigen Raum statt.

Damit eine Organisation lernfähig ist, ist also zunächst der freie Fluss von Information und Wissen entscheidend. Dazu bedarf es der aktiven Förderung von Austausch und des Niederreißens von Informationsbarrieren, seien sie durch Abteilungsgrenzen errichtet oder durch Hierarchieebenen.

Knowledge Management von Geschäftsprozessmodellierung über Ontologien und Best Practice Sharing bis zu kommunikativen Verfahren

LERNBEGEISTERTE UNTERNEHMENSKULTUREN

Was eine begeisterte Lernkultur ausmacht:

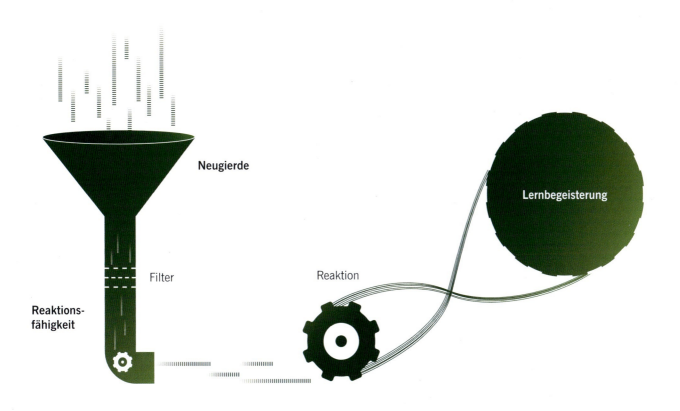

Quelle: Zukunftsinstitut

Übrigens, und da schließt sich der Kreis zum lebenslangen Lernen: Die Generation, die jetzt gerade in den Arbeitsprozess eintritt und mit Sozialen Medien aufgewachsen ist, ist da schon einen Schritt weiter: Im Web 2.0 gilt nicht Information Hiding als Machtfaktor, sondern Information Sharing. Ansehen genießt nicht derjenige, der sein Wissen hermetisch zurückhält, sondern der, dessen Idee möglichst oft auf Twitter retweetet, auf Facebook geliked, kurz: mit anderen geteilt und von anderen verteilt wird. Dazu gehört auch die Furchtlosigkeit, seine Idee der Kritik der Öffentlichkeit preiszugeben. Dieses Wertemodell kann durchaus beispielgebend für Ihr Unternehmen sein. Ob das Topmanagement selbst twittert, ist vielleicht weniger bedeutend, als dass es die zugrunde liegenden Mechanismen von Wissensgenerierung und -verteilung verstanden und auf das eigene Unternehmen übertragen hat.

Im Web 2.0 gilt nicht Information Hiding als Machtfaktor, sondern Information Sharing

Arbeitsblatt

Wie können Fähigkeiten und Kompetenzen eigentlich erworben werden? Was kann man über formale Ausbildungen und herkömmliche Bildungswege lernen? Was wird durch Maßnahmen in der Unternehmenskultur gefördert? Dieses Arbeitsblatt zeigt Ihnen, dass Kompetenzen auf beiden Wegen weiterentwickelt werden können und müssen.

Sammeln Sie auf der linken Seite alle Maßnahmen, Techniken oder Bildungsinhalte, welche über formale Ausbildungen erlernt werden können.
Notieren Sie anschließend auf der rechten Seite, wie die Unternehmenskultur positiv Einfluss auf die Entwicklung der jeweiligen Kompetenz erzielen kann.

Kreisen Sie nun jene drei Begriffe auf der linken und drei auf der rechten Seite ein, die Sie in Ihrem Unternehmen gerne umsetzen bzw. einführen würden.

CRASHKURS:

Setzen Sie doch gleich die ersten Schritte zur Umsetzung, denn Lernen zahlt sich aus!

FUTURE FACTS:

» **Schlau macht glücklich**: 86% der Erwachsenen sehen einen direkten Zusammenhang zwischen Lernen und persönlichem Glück und Wohlbefinden.

» **Lebenslang lernen**: Nur 8% der Deutschen nehmen an Aus- und Weiterbildungsmaßnahmen teil. In UK liegt der Anteil bei 20%, in Dänemark sogar bei 32%.

» **Manager haben Nachholbedarf in der Vorbildwirkung**: Nur 50% aller Führungskräfte haben in den letzten drei Jahren an berufsbezogenen Lehrgängen oder Kursen teilgenommen.

» **Aufbruch zu neuen Lernmethoden**: 23% aller Führungskräfte, die Trainings durchlaufen haben, wurden nicht in konventioneller Klassenraum-Atmosphäre geschult.

Alle Daten aus diesem Kapitel.

futureworks:
Trends erkennen. Zukunft machen.

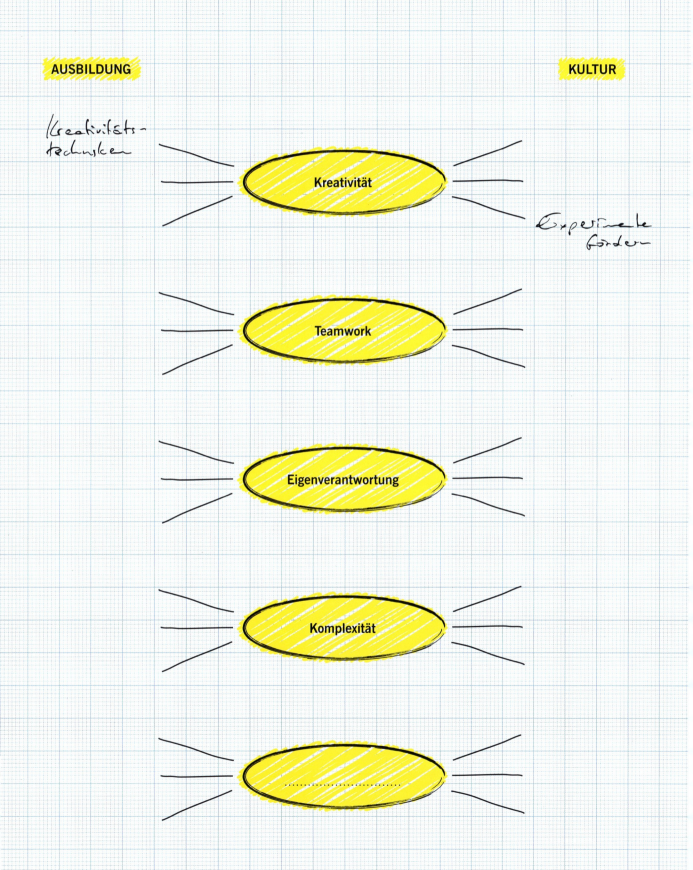

Jede Menge Unterschiede

Das work:design macht Vielfalt zum Erfolgsprinzip

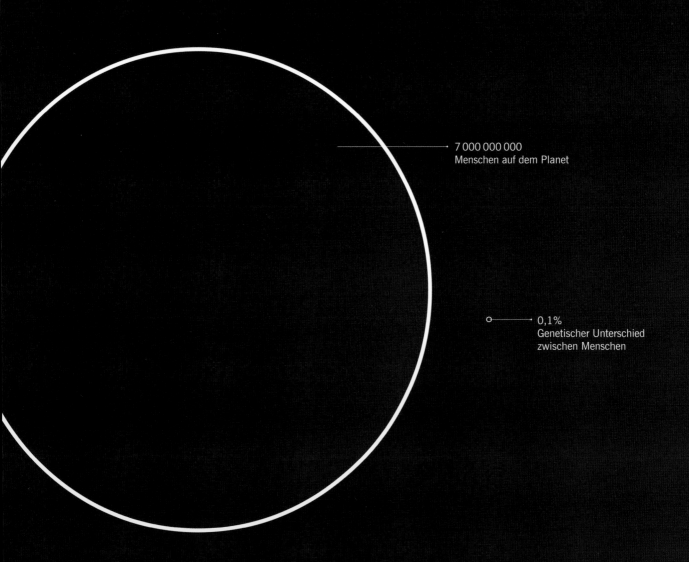

• 7 000 000 000
Menschen auf dem Planet

• 0,1 %
Genetischer Unterschied
zwischen Menschen

In der Gesellschaft ist die Vielfalt längst Realität. Für die kommenden Jahre gilt es auch in den Unternehmen Vielfalt statt Einfalt zum gewinnbringenden Faktor zu erheben.

Etwa jeder zehnte Einwohner in Deutschland und Österreich ist Ausländer, in der Schweiz ist es jeder fünfte. Blickt man man nicht nur auf die Staatsbürgerschaft, sondern auf die Herkunft, liegt der Anteil noch deutlich höher: In Deutschland haben 19,6% der Bevölkerung einen Migrationshintergrund. Dass sich daraus ein vielschichtiges Gesellschaftsmodell ergibt, mit ganz unterschiedlich geprägten Kulturen, ist eigentlich naheliegend. Auch wenn Kanzlerin Merkel sagt, Multikulti sei gescheitert, so muss man doch anerkennen, dass Multikulti Realität ist.

Doch nicht nur an der Pluralität der Gesellschaftsstruktur lässt sich die Vielfalt erkennen, in der wir leben. Wir erleben längst, wie der Megatrend Individualisierung den Abschied von der Durchschnittsfamilie eingeläutet hat. Die Anzahl der Eheschließungen pro Einwohner hat sich in Deutschland seit den 50er Jahren etwa halbiert, noch deutlicher ist die Entwicklung im Hinblick auf Glaubensgemeinschaften: 1970 waren knapp 4% der Deutschen konfessionslos, 2010 bereits 35%. Das Vertrauen auf übergeordnete Institutionen weicht im gleichen Maße, in dem die Bedeutung der eigenen Meinung steigt. Im Edelmann Trust Barometer, der weltweit umfangreichsten Studie dieser Art mit über 30.000 Befragten in 25 Ländern, zeigt sich die Individualisierung deutlich wie selten zuvor: Die Glaubwürdigkeit von Regierungen sinkt ebenso wie jene von Unternehmen und von NGOs. Die stärksten Zuwächse erzielt dabei der Einzelne: Als Personengruppe mit der stärksten Steigerung an Glaubwürdigkeit (22%) wird in der aktuellen Ausgabe der Studie (2012) von 65% aller Befragten „eine Person wie Sie selbst" angegeben.

Individualisierte Lebenswelten, einheitliche Arbeitswelten?
Nach dem work:design-Prinzip gilt es nun die Arbeitswelten dieser Realität anzupassen. Die Notwendigkeit ist offensichtlich: Beträgt der Anteil der Frauen an den Beschäftigten insgesamt knapp 46%, sind in den Führungsebenen nicht einmal 28% Frauen vertreten (Quelle: Statistische Bundesamt Destatis, 2010). Und dieses Bild verschlimmert sich sogar noch bei genauerer Betrachtung: Denn Frauen sind überwiegend in kleineren und mittleren Unternehmen mit Managementaufgaben betraut, in den Vorständen von Dax-Unternehmen finden sich gerade einmal magere 3% Frauen.

Übrigens: Auch in der Wissenschaft sind Frauen unterrepräsentiert: Obwohl Frauen im Schnitt bessere Abschlüsse als Männer haben, liegt der Frauenanteil an Professuren nur bei rund 15% (CEWS Studie, 2009). Aber nicht nur an trockenen Statistiken lässt sich festmachen, dass Unternehmen oftmals am „durchschnittlichen" Arbeitnehmer orientiert sind: Hierarchische Aufbauorganisationen, in denen Autorität am Org-Chart abgelesen werden kann, einheitlich strukturierte Arbeitsprozesse und grundlegende Fehlervermeidungsprinzipien sind Kennzeichen einer Arbeitswelt, die eben nicht individualisiert und vielfältig ist.

Dabei ist der Otto Normalbeschäftigte von der Regel längst zur Ausnahme geworden. Denn individuell denkende und handelnde Menschen geben ihre persönlichen Ansichten nicht wie einen Hut an der Garderobe ab, wenn sie das Unternehmen betreten. Und so treffen eine vielfältige Gesellschaft, fragmentierte Lebensstile und bunte Wertvorstellungen auf industriell orientierte Vereinheitlichungsbestrebungen, die unter dem Deckmantel der Synergie möglichst großen Gleichklang anstreben. Vor uns jedoch liegt das Zeitalter der kreativen Ökonomie, das seine Leistungsfähigkeit nicht aus Gleichklang, sondern vor allem aus der Vielfalt schöpft.

Vielfaltsmanagement zahlt sich aus
Lässt sich der von uns postulierte Vorteil von Vielfalt auch an der harten Realität wirtschaftlicher Kennzahlen ermessen? Ja, und zwar eindeutiger, als man das vielleicht annehmen würde.

So war etwa der speziell weibliche Führungsstil, der in der Regel umsichtiger gestaltet ist und mehr Wert auf Beratung und Risikomanagement legt, Anlass genug für das Weltwirtschaftsforum, in seinem Global Gender Gap Report mehr Frauen in Führungspositionen von Regierungen und Banken zu fordern, um künftig Finanzkrisen abzuwehren (Quelle: Word Economic Forum, 2008).

Die renommierte Unternehmensberatung McKinsey hat zwischen 2007 und 2010 insgesamt vier Studien mit dem Titel „Women matter" publiziert, in denen sie den Zusammenhang zwischen Geschlechtervielfalt im Top Management und Unternehmenserfolg eindeutig nachweisen konnte.
Im November 2011 hat McKinsey eine weitere Studie veröffentlicht, in der der Vielfaltsbegriff noch weiter gefasst wurde. In „Vielfalt siegt!" wird nicht nur die Verteilung von Frauen in Vorständen betrachtet, sondern auch die von Menschen anderer Nationalitäten bzw. anderer kultureller Hintergründe. Analysiert wurden 180 Unternehmen weltweit, darunter die Dax 30. Ergebnis: Jene Unternehmen mit höchster Vorstandsdiversität erzielten ausgerechnet in den wirtschaftlich schwierigen Jahren zwischen 2008 und 2010 um über 50% (!) mehr Return-on-equity und eine um 14% höhere EBIT-Marge als Firmen mit einem wenig vielfältigen Führungsteam.
(Quellen: McKinsey)

Einzelbeispiele? Wohl kaum. Die geografisch und branchenmäßig sehr breit gefasste Stichprobe sowie der Betrachtungszeitraum über mehrere Jahre hinweg lassen singuläre Effekte unwahrscheinlich erscheinen.

Die Begründungen für den Beitrag von Vielfalt zum Unternehmenserfolg sind naheliegend: In unserer zunehmend global vernetzten Wirtschaft sind interkulturelle Kompetenzen kein Luxus, sondern

---

DIE AUSWIRKUNGEN DER CONSUMERIZATION OF IT

„Es gibt keinen Grund, warum irgendjemand zu Hause einen Computer bräuchte" – so sprach im Jahr 1977 Ken Olsen, der Gründer und Vorstand des ehemaligen IT-Riesen Digital Equipment. Gut drei Jahrzehnte später ist ein Haushalt ohne Computer kaum noch vorstellbar, und die Vielfalt der Geräte und der Einsatzgebiete wird immer größer. Längst sind private PCs leistungsfähiger als Firmen-Rechner, und längst bieten sie auch viel größere Flexibilität. Während privat zum Geburtstagsfest ganz locker über Facebook eingeladen wird und die Fotos davon noch am gleichen Abend oder spätestens am nächsten Tag über Flickr oder Instagram verteilt wurden, muss ein Meeting in der Firma per E-Mail abgestimmt werden, können Dokumente nur mühsam über das Intranet zur Verfügung gestellt werden und ärgert man sich über vorgegebene starre IT-Strukturen. Die Unzufriedenheit vieler Menschen mit dieser Situation wird Consumerization of IT genannt: Auf die IT-Abteilung wird entlang der Frage, warum im Unternehmen alles so viel komplizierter ist als im Privatleben, immer mehr Druck ausgeübt. Nach einer Umfrage der Managementberatung Accenture erledigen zwei von drei Angestellten in Deutschland berufliche Aufgaben zumindest gelegentlich auf ihrem privaten Rechner oder Smartphone. Einen Ausweg finden immer mehr Unternehmen durch eine BYOD-Politik. Gemeint ist damit: Bring Your Own Device. Den Mitarbeitern steht ein Budgetbetrag zur Verfügung, mit dem sie sich den PC ihrer Wahl aussuchen können oder ihren privaten Rechner als Arbeitsrechner verwenden dürfen. Natürlich stellt das Organisationen vor große Herausforderungen, was z.B. Servicierbarkeit und Sicherheit angeht. Aber immer öfter schätzen Betriebe den Wert der Zufriedenheit ihrer Mitarbeiter und deren Freude an den Arbeitsinstrumenten höher ein als die Vorteile der Systemkonformität.

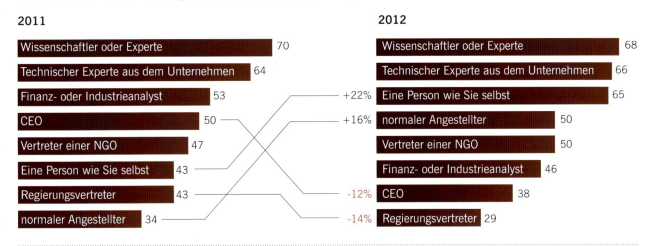

Notwendigkeit. Von Führungskräften, aber auch immer mehr von Mitarbeitern aller Hiercharchieebenen werden zunehmend Sprach- und Kulturkenntnisse verlangt, um internationale Aktivitäten besser umzusetzen. Ein diversifiziertes Arbeitsteam trägt außerdem entscheidend zur Perspektivenvielfalt und damit zur Kreativitätssteigerung bei. Klarerweise sind Performancesteigerungen rein durch die Besetzung einzelner Führungspositionen mit Frauen oder „Ausländern" nicht zu erklären. Vielmehr ist ein vielfältig zusammengesetztes Management-Team Ausdruck einer Unternehmenskultur, die zukunftsweisend und erfolgversprechend ist.

Ein deutliches Kennzeichen einer solchen Kultur, so hält auch McKinsey fest, ist etwa eine klare Leistungsorientierung. Beim Hiring, bei der Personalentwicklung und bei Beförderungen zählen nachweisbare Erfolge mehr als Geschlecht, Herkunft oder Hintergrund. Wer seine Mitarbeiter also konsequent ergebnisorientiert führt, legt den Grundstein zum Erfolg. Geeignete Maßnahmen dafür sind Zielsysteme auf allen Hierarchieebenen, regelmäßige Performance-Reviews zwischen Mitarbeiter und Führungskraft sowie eine fordernde und fördernde Kultur, die zur Leistung animiert. Finden diese Strukturen auf breiterer Basis statt (z.B. indem Mitarbeiter von mehreren Führungskräften beurteilt werden und nicht nur von ihrem direkten Vorgesetzten), erhöht sich die Treffsicherheit der Maßnahmen.

Diversity neu definiert
Vielfalt im Unternehmen zu fördern bedeutet eben nicht nur, auf gruppenbezogene Aspekte wie ethnische Herkunft, Geschlecht oder Alter zu fokussieren, sondern die Individualität des Menschen in seiner ganzen Vielfalt anzuerkennen und als Stärke im Unternehmen zu integrieren. Bei work:design gibt es eben nicht „eine beste Art", ein bestimmtes Ziel zu erreichen, sondern eine Vielzahl unterschiedlicher Optionen. Das reine Abarbeiten von Aufgaben wird immer mehr in der Hintergrund gedrängt, und damit auch die Notwendigkeit, für Einheitlichkeit zu sorgen. Unsere menschliche Stärken spielen wir nicht dort aus, wo Dinge auf immer die gleiche Art geschehen sollen, sondern dort, wo neue Lösungen, überraschende Ansätze und innovative Konzepte gefragt sind.

In großen Ablauforganisationen gibt es den Begriff des „Glattläufers": Damit sind Geschäftsvorgänge gemeint, die ohne Auffälligkeit und Fehler – eben „glatt" – ablaufen. Bei solchen Vorgängen ist der Zusatznutzen, den Menschen einbringen können, recht gering; dementsprechend werden glatt laufende Vorgänge zunehmend automatisiert (das Kriterium ist somit nicht, ob ein Vorgang einfach ist, sondern ob er komplexe Interaktion erfordern könnte!). In jenen Bereichen, die keine Glattläufer sind, ist dagegen hohe Flexibilität, soziale und emotionale Intelligenz und Kreativität gefragt. Beispiele dafür finden sich überall dort, wo mit Kunden direkter Kontakt besteht.

In Bereichen, die keine Glattläufer sind, ist dagegen hohe Flexibilität, soziale und emotionale Intelligenz und Kreativität gefragt

Zukunftsinstitut :: work:design

VIELFALT IN DAX-UNTERNEHMEN

	Anteil Ausländer im Vorstand 2011 (Prozent)	Frauen im Vorstand 2011	Männer Gay-Diversity Barometer (Punkte)	Beitritt zur Charta der Vielfalt	Mitwirkung im Netzwerk Synergie durch Diversität	eigene Diversity-Zuständigkeit
Adidas	50	-	18	12/2007	✗	✗
Allianz	50	-	80	12/2008	✗	✓
BASF	0	♀	71	03/2007	✓	✓
Bayer	25	-	64	12/2009	✗	✓
Beiersdorf	25	-	5	✗	✗	✗
BMW	14	-	12	06/2011	✓	✓
Commerzbank	0	-	97	03/2007	✗	✓
Daimler	0	♀	70	12/2006	✗	✓
Deutsche Bank	43	-	93	12/2006	✓	✓
Deutsche Börse	33	-	2	12/2008	✗	✗
Deutsche Post	57	-	82	12/2007	✓	✓
Deutsche Telekom	29	♀♀	92	12/2006	✓	✓
E. On	17	♀	54	06/2008	✓	✓
Fresenius AG	29	-	21	✗	✗	✗
Fresenius Medical Care	86	-	22	✗	✗	✗
Heidelberg Cement	17	-	31	✗	✗	✗
Henkel	60	♀	32	03/2007	✓	✓
Infineon	0	-	6	12/2007	✗	✓
K+S	0	-	14	03/2011	✗	✗
Linde	60	-	7	05/2011	✗	✓
Lufthansa	0	-	45	05/2007	✓	✓
MAN SE	50	-	28	✗	✗	✗
Merck	0	-	23	✗	✓	✓
Metro Group	50	-	34	03/2007	✗	✓
Münchner Rück	0	-	41	✗	✗	✓
RWE	0	-	41	03/2007	✓	✓
SAP	60	-	95	03/2007	✗	✓
Siemens	40	♀♀	43	03/2010	✓	✓
ThyssenKrupp	0	-	36	06/2006	✓	✓
Volkswagen	38	-	78	05/2007	✓	✓

Männer Gay Diversity Ranking: Das Lifestyle-Magazin MÄNNER stellt in der Dezemberausgabe erstmals das Unternehmensranking Diversity Barometer vor. Diese Untersuchung zeigt, welchen Stellwert die 30 DAX-Konzerne 2011 dem Merkmal „sexuelle Orientierung" innerhalb ihres Diversity Managements einräumen. Untersucht wurde dieses Diversity Merkmal in zehn Kategorien. Zwischen 0 Punkte (kein Stellenwert) und 100 Punkte (starker Stellenwert) konnten erzielt werden.

Charta der Vielfalt: Die „Charta der Vielfalt" ist eine Unternehmensinitiative zur Förderung von Vielfalt in Unternehmen. Sie versucht ein Arbeitsumfeld schaffen, das frei von Vorurteilen sein soll. Alle Mitarbeiterinnen und Mitarbeiter sollen Wertschätzung erfahren – unabhängig von Geschlecht, Nationalität, ethnischer Herkunft, Religion oder Weltanschauung, Behinderung, Alter, sexueller Orientierung und Identität.

Synergie durch Vielfalt: Im Netzwerk „Synergie durch Vielfalt" findet man Gleichgesinnte und Antworten auf die Fragen zum Diversity Management. Man diskutiert aktuelle Entwicklungen, erarbeitet gemeinsam Lösungen und entwickelt Konzepte und Instrumente weiter.

Quellen: Simon, Kuchner & Partners, 2011; manager magazin, 2011; M-Männer Magazin, 2011; Charta der Vielfalt, 2012; Netzwerk Synergie durch Vielfalt, 2012

Und wiederum der Rückschluss: Je vielfältiger Kunden sind, umso nützlicher ist es, vielfältige Mitarbeiter für die Kommunikation mit ihnen einzusetzen. 20% Ihrer Kunden haben einen Migrationshintergrund – haben also auch 20% Ihrer Callcenter-Mitarbeiter einen Migrationshintergrund? Ihre Kunden kommen gerne frühmorgens vorbei – haben Sie Ihre Mitarbeiter danach ausgesucht, ob sie zeitig in der Früh freundlich und leistungsbereit sind?

Ist es wirklich notwendig, dass alle Mitarbeiter zum gleichen Zeitpunkt tätig sind? Leuchtet es nicht ein, dass es nicht zielführend ist, Spätaufsteher partout in den Morgenstunden ins Unternehmen zu treiben? Die dänische Plattform B-Society setzt sich für die Flexibilisierung der Arbeits- und Schulzeiten ein, damit auch Morgenmuffel, die ihre produktivsten Zeiten eben später am Tag haben, ihr Potenzial bestmöglich einbringen können. Sogar ein Zertifikat gibt es dort für Unternehmen, die der Stigmatisierung von Späteraufstehern entschlossen entgegentreten.

Der Einstieg in eine produktive, vielfältige Zukunft ist eben auch der Abschied von Monokulturen, die von Kontrollfreaks errichtet und aufrechterhalten werden und in denen jede Abweichung von der Norm als Problem wahrgenommen wird. In der Zukunft suchen wir nicht nach dem kleinsten gemeinsamen Nenner, sondern nach dem größten gemeinsamen Vielfachen.

Gekonnte Vielfalt: Wie Unternehmen es schaffen, bunt und erfolgreich zu sein
Ein zukunftsorientierter Zugang zu Diversity orientiert sich entlang eines dreistufigen Vorgehens – man kann Unternehmen demnach auch in drei Reifegrade hinsichtlich ihres Zugangs zu Vielfalt einstufen.

Basic: Auf diesem Niveau steht erstmals die Erkenntnis im Vordergrund, dass Handlungsbedarf besteht. Über eventuell schon bisher bestehende CSR-Maßnahmen hinaus wird der Faktor Vielfalt als Notwendigkeit zur Absicherung künftigen wirtschaftlichen Erfolgs anerkannt und somit breitflächig als Strategiefeld benannt. Vielfach wird bei diesem Reifegrad die Überlegung angestellt, wodurch sich Diversity ausdrückt und welche Rahmenbedingungen geschaffen werden müssen, damit sie sich entfalten kann. Typische Maßnahmen sind dementsprechend das erstmalige Etablieren eines professionellen Diversitätsmanagements, das Schaffen von organisatorischen Rahmenbedingungen (z.B. Arbeitszeitmodelle), der Abbau von Barrieren und eine gezielte Bewerber- und Beförderungspolitik. Unmittelbarer Vorteil: Steigerung der Attraktivität als Arbeitgeber.

14% der Mitarbeiter bei Porsche haben keine deutsche Staatsangehörigkeit, in den höheren Hierarchieebenen habe das Unternehmen aber Nachholbedarf, konzidierte Porsche-Chef Matthias Müller. Er will in Zukunft spezielles Augenmerk darauf lenken, noch mehr Mitarbeiter aus zugewanderten Familien als Fach- und Führungskräfte zu gewinnen.

Unter dem Programmnamen „Building Opportunities for Leadership & Development" (BOLD) fasst der Suchmaschinengigant Goggle eine Reihe von Fördermaßnahmen zur Stärkung seiner Diversität zusammen. Diese zielen ganz bewusst auf Nachwuchstalente, richten sich somit an Schulen und Universitäten und reichen von Schnupperwochen in der Unternehmenszentrale über ein Fachsymposium bis hin zu bezahlten Sommerpraktika. Voraussetzung: In ihrer Bewerbung müssen Kandidaten darlegen, welchen Beitrag sie persönlich zur Steigerung der Diversität von Google leisten können.

Unsere menschlichen Stärken spielen wir dort aus, wo neue Lösungen und innovative Konzepte gefragt sind

Die Deutsche Telekom bietet ein spezielles Förderprogramm für Spitzensportler zum Einstieg ins Berufsleben an. Das Interesse des Konzerns beruht vor allem darauf, dass Spitzensportler laut Studien besonders ausgeprägte Soft Skills gegenüber anderen Berufseinsteigern besitzen und auch durch Training und Wettkämpfe belastbarer, zielstrebiger und selbstbewusster sind. Für die Bewerber bedeutet das Angebot, dass sie ihre sportlichen Ziele, Trainings- und Wettkampfzeiten mit einem Teilzeitjob verbinden können. Und somit den Einstieg in das Berufsleben „nach dem Sport" finden. (Quelle: Deutsche Telekom 2012)

Advanced: Im nächsten Schritt sind die Möglichkeiten für vielfältige Arbeitsstile bereits grundsätzlich etabliert. Es herrschen vergleichweise große Freiheitsgrade und eine bunte Zusammensetzung von Teams über alle Hierarchieebenen hinweg. Auf dieser Stufe steht nun die Förderung von Austausch, Zusammenarbeit und Kommunikation im Mittelpunkt. Unterstützende

Strukturen werden geschaffen, das Voneinander-Lernen ermöglicht es, etwaigen Reibungsverlusten durch die Vielschichtigkeit wirkungsvoll zu begegnen. Der Vorteil: Vielfältige Sichtweisen beginnen sich zu entwickeln, andere Perspektiven werden nicht länger als Hindernis wahrgenommen, sondern als Bereicherung, Kooperation stellt sich nicht trotz, sondern gerade wegen der Unterschiede ein.

Immer wieder werden fehlende Netzwerke als Grund genannt, warum Frauen seltener in Führungspositionen vordringen. Dass man auch als Unternehmen daran etwas ändern kann, zeigt Siemens mit seinem Programm Global Leadership Organization for Women (GLOW). GLOW ist ein firmeninternes Netzwerk zur Unterstützung weiblicher Talente in den unterschiedlichen Karrierephasen und setzt sich für vielfaltsfördernde Unternehmenspolitik ein, etwa optimale Bedingungen für Mitarbeiter, die aus der Elternzeit zurückkehren. Kein Wunder, möchte man sagen. Immerhin hat Siemens auch die Position des Chief Diversity Officers geschaffen und damit einen gezielten Fokus auf Vielfalt gesetzt.

Unternehmen im dritten Reifegrad haben ein Arbeitsumfeld geschaffen, in dem sich Familie und Arbeit auf reizvolle Art miteinander verbinden lassen

Das Chemieunternehmen BASF stellt sich der demografischen Herausforderung aktiv in 13 Projektteams. Demografische Risikoanalysen pro Standort werden durchgeführt, Veränderungen der Qualifikationsprofile und -strukturen als Folge der Automatisierung genauer betrachtet. Auch in der grundsätzlichen Personalentwicklung wird Wert darauf gelegt, Wissensaustausch zwischen den Generationen zu fördern – auch mit Vergütungssystem – und altersgemischte Teams aufzubauen. Der altersgerechte Arbeitsplatz, Arbeitssicherheit und -organisation sind weitere Themenbereiche. Das Partnerschaftsprogramm „Dual Careers" ermöglicht Paaren, am gleichen Ort zu arbeiten und zu forschen.
(Quelle: BASF 2012)

Professional: Auf dem dritten Level setzen vielfaltsorientierte Unternehmen auf die Vorteile ihrer diversifizierten Struktur und gewinnen daraus deutlich Wettbewerbsvorteile. Es werden sogar ausgerechnet jene Faktoren, die gelegentlich als Nachteil von vielfältig zusammengesetzten Teams genannt werden, ins genaue Gegenteil verkehrt und zu einer Stärke ausgebaut. So werden beispielsweise als Gründe für einen geringen Anteil von Frauen in Führungsebenen die fehlende Vereinbarkeit von Familie und Karriere und die mangelnde Durchsetzungsfähigkeit von Frauen genannt. Unternehmen im dritten Reifegrad haben dagegen ein Arbeitsumfeld geschaffen, in dem sich Familie und Arbeit auf so reizvolle Art miteinander verbinden lassen, dass nicht nur Frauen, sondern auch Männer Privat- und Arbeitsleben optimal miteinander verknüpfen können und dadurch zufriedenere und leistungsfähigere Arbeitnehmer sind. Und: Die angeblich fehlende Durchsetzungskraft wird als empathische Stärke im Konfliktmanagement wahrgenommen und zielgerichtet eingesetzt. Nebst der Innovationskultur in Unternehmen, die von der kreativen Vielfalt massiv profitiert.

Steht am Ende der Vielfalts-Diskussion das Ende des traditionellen Unternehmens? Der Fortschritt in der Informationstechnologie eröffnet neue Möglichkeiten für die Erwerbsgesellschaft. Er spielt damit der Individualisierung von Arbeit in die Hände, die sich in kleineren Organisationseinheiten und neuen Beschäftigungsmodellen strukturiert.

Niedrige Transaktionskosten, ein wesentlicher Faktor in der Gestaltung der Zusammenarbeit, sind heute nicht mehr ausschließlich durch Zusammenfassung zu Organisationseinheiten (Unternehmen) darstellbar, sondern durch die Vielzahl an

POTENZIAL DER VIELFALT

Ausgewählte Herkunftsländer hochqualifizierter Migranten in Deutschland

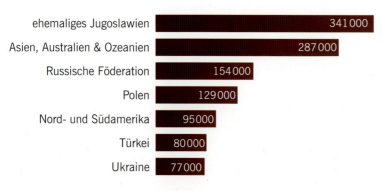

ehemaliges Jugoslawien	341 000
Asien, Australien & Ozeanien	287 000
Russische Föderation	154 000
Polen	129 000
Nord- und Südamerika	95 000
Türkei	80 000
Ukraine	77 000

Quelle: Swetlana Franken, Stat. Bundesamt, Personal 05/2011, 2011

Deutsche Telekom

Mit Spitzensportlern will man bei der Deutschen Telekom gezielt die Vielfalt im Unternehmen aufpeppen.

technologischen Lösungen zur Kooperation und Kommunikation. Community-Projekte wie etwa Wikipedia, Linux oder Firefox zeigen, dass aus der Kollaboration der Vielen auch brauchbare Produkte entstehen können. In der Konsequenz ergibt sich für Unternehmen immer intensiver die Frage nach dem Umbau ihrer Strukturen von Hierarchie und Einheit hin zu Netzwerk und Vielfalt.

„Als innovatives Unternehmen sondieren wir ständig eine Fülle von Wegen und Vorgehensweisen, die Kunden Mehrwert bieten. Produktivität zu steigern und Talente zu fördern, um die Wettbewerbsfähigkeit zu verbessern, ist eine entscheidende Komponente in unserem Geschäftsmodell." Mit diesen trockenen Worten kommentierte IBM Medienberichte, wonach das Unternehmen über einen radikalen Wandel seiner Struktur nachdenke. Demnach solle der Konzern künftig nur noch von einer kleinen Kernbelegschaft geführt werden, während Fachkräfte und Spezialisten über eine Internetplattform lose an das Unternehmen gebunden, in Projekte eingebunden und nach Qualitätsmerkmalen zertifiziert werden sollen. Die Mitarbeiter würden somit analog zu Facebook in einer „Cloud" organisiert. Neben massiven Einsparungen an Personalkosten verspricht man sich davon vor allem auch gestiegene Effizienz und Flexibilität. Falls IBM dieses Modell in seiner vollen Konsequenz umsetzt, ist der Konzern Vorreiter einer längerfristigen Entwicklung hin zum „Freelance Planet".

Auch wenn Sie nicht so radikal denken und handeln wollen: Der Individualisierung Ihrer Worksforce begegnen Sie am besten durch weit gedachte Konzepte von Vielfalt: Diversity Management. Am Anfang steht eine Unternehmenskultur und -zusammensetzung, die die Vielfalt der Gesellschaft und die Individualität der Mitarbeiter abbildet. Was am Ende steht, entscheiden Sie.

FUTURE FACTS:

» **Pluralität und Individualisierung ist gesellschaftliche Realität**: *Fast 20% der Bevölkerung Deutschlands hat einen Migrationshintergrund, etwa jeder zehnte Einwohner ist Ausländer. Die Anzahl der Eheschließungen sinkt, wie auch die Haushaltsgrößen.*

» **In Unternehmen ist diese Vielfalt noch nicht abgebildet**: *Zwar sind 51% der Hochschulabsolventen weiblich, in den Vorständen von Dax-Unternehmen finden sich aber gerade einmal 3% Frauen.*

» **Vielfalt rechnet sich**: *Unternehmen mit höchster Führungskräfte-Diversität erzielen um über 50% mehr Return-on-equity und eine um 14% höhere EBIT-Marge als Firmen mit einem wenig vielfältigen Führungsteam.*

» **Nicht Wissens- sondern Umsetzungslücken**: *80% der Unternehmen anerkennen Diversity als entscheidend für ihren Geschäftserfolg.*

Alle Daten aus diesem Kapitel.

Arbeitsblatt

Haben Sie sich schon einmal damit befasst, wie viele Sprachen Ihre Kollegen sprechen? Oder wie vielfältig Ihre Denk- und Arbeitsweisen sind? Und welche Auswirkungen dies für Ihre Arbeit im Team, aber auch Ihr Auftreten nach außen hat?

Bewerten Sie die Vielfältigkeit in Ihrem Unternehmen von 1 bis 5. Je vielfältiger eine Dimension in Ihrem Unternehmen besetzt ist, beispielsweise durch eine gute Altersdurchmischung, desto höher die Bewertung.

Nun hinterfragen Sie die Relevanz der Dimensionen für Ihr Unternehmen. Ist es wichtig für die Arbeit im Team, dass Sie sehr viele unterschiedliche Sprachen sprechen? Ist es besonders relevant für die Kontakte mit Kunden?
Bitte bewerten Sie wieder mit demselben System. Je höher die Relevanz, desto mehr Felder werden angekreuzt.

Zuletzt kreisen Sie bitte jene Dimensionen mit hoher Relevanz ein. Diese Aspekte sollten zukünftig stärker in der Personalauswahl und -weiterentwicklung berücksichtigt werden.

CRASHKURS:

Starten Sie morgen irgendein Projekt, das Ihnen am Herzen liegt. Holen Sie sich dafür mindestens zwei Kollegen ins Team, mit denen Sie vorher noch nie wirklich zu tun hatten. Begründen Sie das „Super-Diversity-Team". Viel Erfolg!

futureworks:
Trends erkennen. Zukunft machen.

Arbeitsblatt

Dimension	Wie vielfältig sind wir?	Wie wichtig ist das für unser Team?	Wie wichtig ist das für unsere Kunden?
Geschlecht	○ ○ ○ ○ ○	○ ○ ○ ○ ○	○ ○ ○ ○ ○
Alter	○ ○ ○ ○ ○	○ ○ ○ ○ ○	○ ○ ○ ○ ○
Ethnie	○ ○ ○ ○ ○	○ ○ ○ ○ ○	○ ○ ○ ○ ○
Familienstatus	○ ○ ○ ○ ○	○ ○ ○ ○ ○	○ ○ ○ ○ ○
Sprachen	○ ○ ○ ○ ○	○ ○ ○ ○ ○	○ ○ ○ ○ ○
Ausbildung	○ ○ ○ ○ ○	○ ○ ○ ○ ○	○ ○ ○ ○ ○
Geographischer Standort	○ ○ ○ ○ ○	○ ○ ○ ○ ○	○ ○ ○ ○ ○
Arbeitserfahrung	○ ○ ○ ○ ○	○ ○ ○ ○ ○	○ ○ ○ ○ ○
Arbeitsstil	○ ○ ○ ○ ○	○ ○ ○ ○ ○	○ ○ ○ ○ ○
Kommunikative Fähigkeiten	○ ○ ○ ○ ○	○ ○ ○ ○ ○	○ ○ ○ ○ ○
	○ ○ ○ ○ ○	○ ○ ○ ○ ○	○ ○ ○ ○ ○
	○ ○ ○ ○ ○	○ ○ ○ ○ ○	○ ○ ○ ○ ○
	○ ○ ○ ○ ○	○ ○ ○ ○ ○	○ ○ ○ ○ ○
	○ ○ ○ ○ ○	○ ○ ○ ○ ○	○ ○ ○ ○ ○

KAPITEL #5

Die real-digitale Sphäre

work:design nutzt die Chancen der neuen digitalen Welt

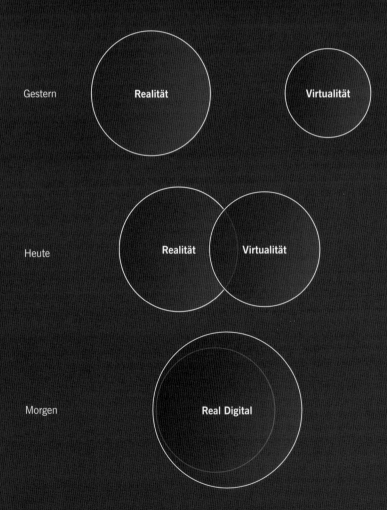

Gestern: Realität — Virtualität
Heute: Realität ∩ Virtualität
Morgen: Real Digital

Technologie ist bereits omnipräsent. Und doch verschwindet die meiste Technik zunehmend in die Unsichtbarkeit des Alltags. Wir nutzen Technologie immer selbstverständlicher. Was die Arbeitswelten massiv verändert.

Die real-digitale Sphäre

"Zur Erdkruste (der Lithosphäre), den Flüssen und Ozeanen (der Hydrosphäre), der Biosphäre und der Atmosphäre des blauen Planeten ist nun eine Technosphäre hinzugekommen", so kommentiert der Schriftsteller Peter Glaser, Träger des Ingeborg-Bachmann-Preises und Ehrenmitglied des Chaos Computer Clubs, das Durchdringen unseres realen Alltags mit digitalen Strukturen. Die ehemals scharfe Grenze zwischen offline und online, zwischen physisch und virtuell verschwimmt zunehmend und löst sich in weiten Bereichen gänzlich auf. Wir sind mittlerweile in der Tat permanent online verbunden, die uns umgebenden Objekte sind immer öfter „smart" und stehen mit ihrer Umwelt in Kontakt, und unsere Daten sind längst in der Cloud zu einer abstrakten Virtualität zerflossen. Nicht weiter tragisch, denn wir haben zwar den Eindruck, dass nichts weiter von unserem Verständnis für Greifbarkeit weiter entfernt ist als unsere Daten in einer Cloud, von der wir nicht einmal wissen, auf welchem Kontinent sie liegt. Dennoch unterscheidet sich diese Entfremdung kaum von der realen Welt, „weil etwa Daten auf einer heruntergefallenen Festplatte für die allermeisten Leute ebenso weit entfernt sind wie auf einem defekten Server in Kalifornien", so die treffende Feststellung des Bloggers Sascha Lobo.

Während wir also einerseits einen schleichenden Kontrollverlust im Umgang mit unseren Daten empfinden, wird die reale Welt immer dichter angereichert durch die digitale Welt. Ein gutes Beispiel dafür sind die sogenannten Location Based Services, die über soziale Netzwerke wie Facebook oder Foursquare angeboten werden. Sie verbinden unter dem Schlagwort SOLOMO (SOzial, LOkal, MObil) die drei großen Strömungen zukunftsweisender Internet-Angebote. Benutzer solcher Services haben etwa die Möglichkeit, an einem Ort (etwa einem Restaurant) „einzuchecken" und dadurch relevante Zusatzinformationen zu erhalten (z.B. das aktuelle Tagesmenü). Dadurch können Betreiber dieser Orte noch zielgerichtetere Marketingmaßnahmen setzen, gleichzeitig kann der Anwender eigene Informationen bereitstellen und mit dem Ort verknüpfen (z.B. seine persönliche Beurteilung oder auch einen Parkplatz-Tipp in der Nähe des Restaurants). Auf diese Weise entsteht eine zweite Identität des Ortes: Dem realen Ort entspricht ein digitaler, virtueller Ort, der mit Informationen angereichert ist und damit den realen Ort besser und vielschichtiger nutzbar macht. Dass nicht nur Betreiber von realen Orten Nutzen aus Location Based Services schlagen können, zeigt der Fernsehkanal History Channel. Das Fernsehprogramm hat keine physische Präsenz, aber es bietet seinen Foursquare-Fans Mehrwertinformation an historischen Orten. Wer also beispielsweise beim

Tower of London eincheckt, bekommt von History Channel Hintergrundinformationen zu dieser Sehenswürdigkeit. Auf diese Weise wird Geschichte greifbarer – und genau das ist ja das Ziel von History Channel. Eine gute Markenstrategie also, die wohl auch dazu führt, dass mehr Menschen vertiefte Informationen in einer der Sendungen erfahren möchten. Obwohl das Internet natürlich global und grenzenlos ist, verstärkt sich durch die lokale und mobile Verfügbarkeit von Internetservices und durch die soziale Vernetzung die Verbindung zwischen realem und digitalem Leben. „Informationstechnologie nivelliert örtliche Unterschiede nicht, sie verstärkt sie sogar", meint dazu der amerikanische Soziologe Richard Florida.

Informationstechnologie nivelliert örtliche Unterschiede nicht, sie verstärkt sie sogar

Wenn erweiterte Realität zum Alltag werden

Eine andere Ausprägung des real-digitalen Hybridzeitalters nennt sich Augmented Reality. Darunter versteht man innovative Arten der Informationsdarstellung, die beispielsweise das Shoppingerlebnis bereichern. Dabei werden mobile Devices als multifunktionale Schnittstelle zur Konsumwelt verwendet, aber auch traditionelle Präsentationsflächen, wie etwa Schaufenster, werden um reizvolle Informationsschichten angereichert. Augmented Reality erlaubt es, Produkte auf neue Art zu präsentieren und erlebbar zu machen.

Die Ausnutzung von Microsofts XBOX Kinect-Technologie revolutioniert Umkleidekabinen. Hinter dem Spiegel in der Kabine verbirgt sich der Bewegungsscanner; er ermöglicht nicht nur eine ungemein einfache Benutzerschnittstelle durch einfache Gesten, sondern auch das Anpassen von Kleidungsstücken direkt auf den Konsumenten, der vor dem Spiegel steht, Bewegung inklusive.

Soll ich einen Pullover mitnehmen? Brauche ich heute eine robuste Jacke, weil es regnen könnte? Antworten auf diese Fragen liefert die iPhone App „Feather Report" (Fashion + Weather = Feather). Basierend auf der aktuellen Wetterprognose und abgestimmt auf den persönlichen Kleidungsstil, schlägt die App das passende Outfit vor. Und sollte das ein oder andere Accessoire oder Kleidungsstück noch im Kasten fehlen, wird angezeigt, in welchem nahegelegenen Geschäft man diese „Fashionlücke" sofort schließen kann!

Die real-digitale Generation

Dass die digitale Realität längst auch den Arbeitsalltag innerhalb von Unternehmen prägt, ist selbstverständlich und wird in Zukunft noch weiter an Bedeutung gewinnen. Die junge Generation, die in die Arbeitswelt einsteigt, wurde durch digitale Medien sozialisiert und erwartet vergleichbare Möglichkeiten zur Zusammenarbeit und Kommunikation auch innerhalb von Unternehmen.

Eine Studie des Netzwerkspezialisten Cisco unter Studenten und Berufseinsteigern auf der ganzen Welt zeigt, wie sehr digitale Medien zur Selbstverständlichkeit für Young Professionals geworden sind: Demnach würden 56% der Befragten ein Stellenangebot eines Unternehmens ablehnen, das die Verwendung sozialer Medien im Unternehmen einschränkt oder verbietet. Aufgrund der Verbreitung von mobilen Devices und permanentem Netzzugang sind 7 von 10 Studenten der Ansicht, in einem Büro zu arbeiten sei unnötig (www.cisco.com/go/connectedreport).

Der Technologieberater Accenture hat in seinem Millenials Report festgestellt, dass 19- bis 23-Jährige um 42% weniger Zeit mit dem Verfassen und Beantworten von E-Mails zubringen als 23- bis 27-Jährige. Im Gegenzug steigt die Verwendung sozialer Medien.
All das ist nicht nur eine Frage der Technologie. Mit der Nutzung digitaler Medien eng verknüpft sind Ansprüche an Arbeitsorganisation und Führungskultur. Wer im Web 2.0 neue Formen der Kooperation und Dezentralisierung von Macht erlebt hat, will sich nicht mehr in starre Hierarchien einbetonieren lassen und hat gelernt, Feedback zu geben und zu widersprechen.

Netzwerkorganisationen brauchen Netzwerkkommunikation

Neben dem (Mobil-)Telefon hat sich E-Mail zum zentralen Kommunikationsinstrument in Unternehmen entwickelt. Doch was einst als Segen der schnellen und direkten Kommunikation empfunden wurde, ist heute vielfach nur noch Last. Kaum jemand, der nicht über eine übervolle Inbox und einen nicht enden wollenden Strom an Mails klagt – von denen noch dazu die Mehrzahl nicht wichtig ist, so die einhellige Meinung. Wie konnte es so weit kommen?

In streng hierarchischen Strukturen gibt es den sogenannten Dienstweg, also eine klar definierte Kommunikationsstruktur, die festlegt, wer mit wem zu welchem Zweck

DAS JAHRZEHNT DER MOBILEN DEVICES

Entwicklung des globalen, mobilen Datentransfers in Exabyte (1 Exabyte = 1 Milliarde Gigabytes) pro Monat

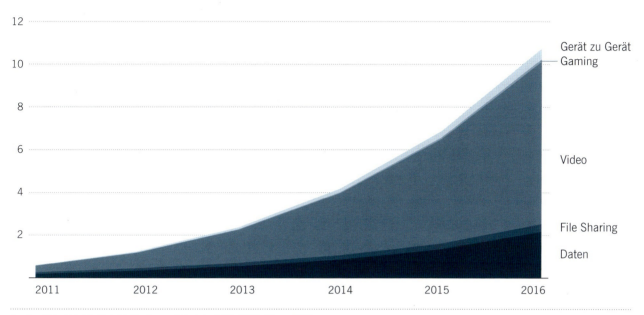

Quelle: Global Mobile Data Traffic Forecast Update 2011-2016, Cisco, 2012

in Kontakt treten kann und darf. Dass ein „einfacher" Mitarbeiter mehrere Hierarchiestufen überspringt und dem Chef direkt ein Mail sendet, ist in solchen Organisationen die rare Ausnahme. Doch so sind Unternehmen heute nicht mehr aufgebaut. Immer öfter ist das Projektteam die entscheidende Struktur im Unternehmen. Mit wechselnden Hierarchien: Heute ist Frau Müller Projektleiterin, morgen ist sie einfaches Mitglied in einem anderen Projektteam. Immer seltener ist das „Oben" in Organisationen eine klar erkennbare Konstante.

Im Ergebnis sind die Kommunikationswege im Unternehmen wesentlich demokratischer geworden, jeder kommuniziert mit jedem. Aus dem ehemals baumartig aufgebauten Dienstweg wird eine Struktur, in der es einen Kommunikationspfad von jedem Mitarbeiter zu jedem anderen gibt. Das daraus resultierende Problem: In einem Netzwerk wächst die Anzahl der Verbindungen zwischen einzelnen Knotenpunkten nicht linear mit der Anzahl der Knoten, sondern quadratisch. Also: Die Summe der Kommunikationspfade wächst quadratisch mit der Anzahl der Mitarbeiter. Das Ergebnis sehen Sie jeden Tag in Ihrem Posteingangsfach: Je offener und direkter Kommunikationsstrukturen werden, umso massiver steigt die Anzahl der Mails an. Und das bleibt so, selbst bei bestem Willen, bei höchster Disziplin und unter Anwendung sämtlicher E-Mail-Tricks und -Kniffe. Darum machen inzwischen pointierte Lösungsvorschläge die Runde. So hat etwa Kaspar Rorsted, Vorstand des Konsumgüterherstellers Henkel, zwischen Weihnachten und Neujahr seinen Mitarbeitern ein ==E-Mail-Verbot== auferlegt: „Wir haben eine Pause verordnet", sagte Rorsted laut einem Bericht des Handelsblattes. „Schickt nur im Notfall eine Mail, war die Ansage. Das gilt für alle Mitarbeiter." Thierry Breton, Chef des französischen IT Dienstleisters Atos, geht sogar so weit, dass er unternehmensintern bis 2014 ==E-Mail vollkommen abgeschafft== haben will. Doch derartige Radikalmaßnahmen sind in ihrer Konsequenz eher vergleichbar mit Entzugsprogrammen für Süchtige als mit konstruktiven Lösungsvorschlägen. Zielführender ist die Erkenntnis, dass E-Mail (und jede andere Form von Punkt-zu-Punkt-Kommunikation) für die Zukunft der Arbeit nicht optimal geeignet ist. Oder, etwas differenzierter ausgedrückt, nicht das einzige Medium sein kann. Andere Kommunikationsstrukturen sollen und müssen ergänzend eingesetzt werden, wenn wir nicht die Hälfte unseres Arbeitstages im Posteingangsfach zubringen wollen.

In der Zukunft der Arbeit müssen wir Kommunikationsmittel neu denken, zu einem breiteren Portfolio von eingesetzten Mitteln kommen. Intranetportale mit umfangreichem Funktionsangebot, Wikis, virtuelle Projekträume, Online-Collaboration Tools, unternehmensintern eingesetzte soziale Medien und alternative Ad-hoc-Kanäle, wie sie durch Instant Messaging geboten werden, sind spannende Ansätze – sie vermitteln Information und ermöglichen Kommunikation, ohne auf die Analogie des Briefverkehrs zurückzugreifen. Und ergänzen damit sinnvoll E-Mail und Telefon bzw. ersetzen sie dort, wo ihre Wirkung begrenzt ist. Die Einführung solcher Werkzeuge ist aber nicht nur eine technologische Maßnahme, sie erfordert auch kulturelle Begleitmaßnahmen, die dabei unterstützen, die Kommunikation im Unternehmen zu verändern. So bedeutet der Schritt von einer E-Mail-Kultur zu einer Portal-Kultur auch den Schritt hin zu einem Self-Service-Verständnis: Ich warte nicht darauf, dass Information mich erreicht, sondern ich stelle mir selbst mein Spektrum an Informationsquellen zusammen, die ich aktiv nutze.

Gamification: Spiele werden seriös
Eine Möglichkeit, einen derartigen Wandel der Medienkompetenz der eigenen Mitarbeiter zu unterstützen, bietet die sogenannte Gamification. Darunter versteht man das Ausnutzen der Motivationssysteme, die Computerspielen zugrunde liegen, um ersthafte Anliegen voranzutreiben. Der australische IBM Business Partner ISW setzt auf Gamification, um Anreize für gewünschtes Verhalten von Anwendern der IBM-Intranetlösungen zu liefern. So kann etwa das Hochladen von Informationen oder das Kommentieren von Beiträgen anderer mittels Badges (Medaillen) oder Kudos (Bonuspunkten) belohnt werden. Auf spielerische Weise werden die Mitarbeiter somit motiviert, neue Kommunikationstechnologien zu verwenden (www.lbenitez.com/2012/01/isw-introduces-gamification-for-ibm.html).

Führungskräften kommt im Zusammenhang mit neuen Kommunikationsmedien eine besondere Vorbildrolle zu

Führungskräften kommt im Zusammenhang mit neuen Kommunikationsmedien eine besondere Vorbildrolle zu: Denn wenn der Chef nach wie vor verlangt, dass ihm alles vorgelegt wird, und das firmeneigene Intranet nur vom Hörensagen kennt, wirft das kein gutes Bild auf die zuvor ausgerufenen flachen Hierarchiestufen. Deutliche Unterschiede in der Nutzung digitaler Medien gibt es nämlich nicht nur im Altersvergleich der berufstätigen Menschen, sondern auch zwischen den Hierarchieebenen der Unternehmen. Zu diesem Ergebnis kommt eine soziografische Studie des Digital Intelligence Institute (dii) unter mehr als 1.000 Führungskräften, in der zwischen den drei Positionsebenen Geschäftsleitung, Fachbereichsverantwortliche und Teamleiter unterschieden wurde. Das Topmanagement beklagt zu etwa einem Drittel, dass neue Technologien häufig eine Belastung darstellen, und jeder Fünfte erachtet sie als „eher überflüssig". Dagegen sind die digitalen Medien für zwei Drittel der Verantwortlichen in den Fachbereichen unverzichtbar geworden oder stellen zumindest teilweise eine Bereicherung dar. Von den Teamleitern wird sogar zu drei Viertel ein solches positives Votum abgegeben (Quelle: www.di-i.org).

Die Kultur der sozialen Medien
Soziale Medien haben sich vom Nischenthema in der Unternehmenskommunikation zu einem zentralen Instrument entwickelt. Kaum ein Top-Unternehmen, das nicht mit einer Facebook-Fan-Seite glänzt oder keinen eigenen Twitter-Account hat. Und doch lohnt bei dieser dargestellten Euphorie ein zweiter, genauerer Blick. Denn der entscheidende Unterschied liegt weniger in der ansprechenden Gestaltung oder perfekten technischen Umsetzung, sondern in der Ernsthaftigkeit, mit der die zugrunde liegenden Prinzipien angewendet werden.

Zu diesen Prinzipien gehören Transparenz und Offenheit. Soziale Medien erlauben den direkten, ungefilterten Kontakt mit Konsumenten. Das muss man aber auch wollen und können, denn anders als bei feingeschliffener Konzernkommunikation erwarten Menschen via soziale Medien auch ein Eingeständnis von Fehlern, eine persönliche Reaktion auf individuelles Feedback, ein rasches Reagieren auf Anfragen und Anliegen. Die Redewendung „Be careful what you wish, you might get it" ist vielleicht nirgendwo zutreffender als beim Errichten von direkten Kommunikationskanälen. Für viele Unternehmen ein Lernfeld, das nachhaltig nicht nur die Marketingarbeit verändert, sondern auch die Unternehmenskultur.

Was man dabei falsch machen kann, entnimmt man der Vielzahl an Negativbeispielen, die auch prominente Organisationen geliefert haben, wie etwa die österreichische Westbahn („Entgleist auf Facebook", indem sie via Facebook Kopfgeld auf einen Sprayer ausgesetzt hat), Nestlé (Palmöl in Kitkat-Schokoriegeln) oder Quantas (rief just zum Zeitpunkt abgebrochener Verhandlungen mit den Gewerkschaften zur Quantas Luxury-Kampagne auf). Die Liste der „Social Media Fails" ist lang und lehrreich, denn meist werden derartige Pannen von

Die real-digitale Sphäre

Hans Rosling

Ein wahrer Pionier im Arbeiten mit „Big Data" ist Hans Rosling. Der schwedische Professor für internationale Gesundheit hat das Programm Gapminder erfunden, das mittlerweile von Google aufgekauft wurde. Roslings Grundannahme: „Oft passen unsere Theorien über die Welt einfach nicht zu den Daten." Mit Gapminder wird es möglich, riesige Datenmengen so zu visualisieren, dass man aus der Fülle auch tatsächlich neue Informationen und Erkenntnisse gewinnen kann. Legendär auch die Vorträge von Rosling, die auf TED nachvollziehen kann.
www.ted.com

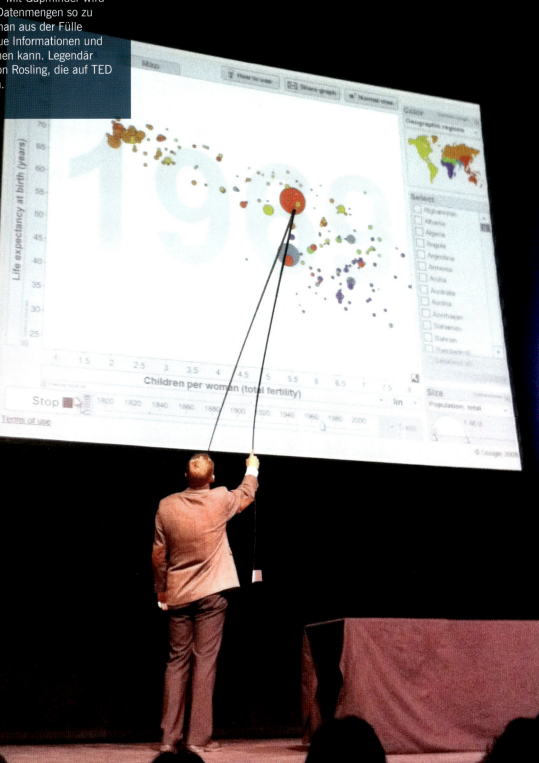

Zukunftsinstitut :: work:design

E-MAIL SCHALTPLAN

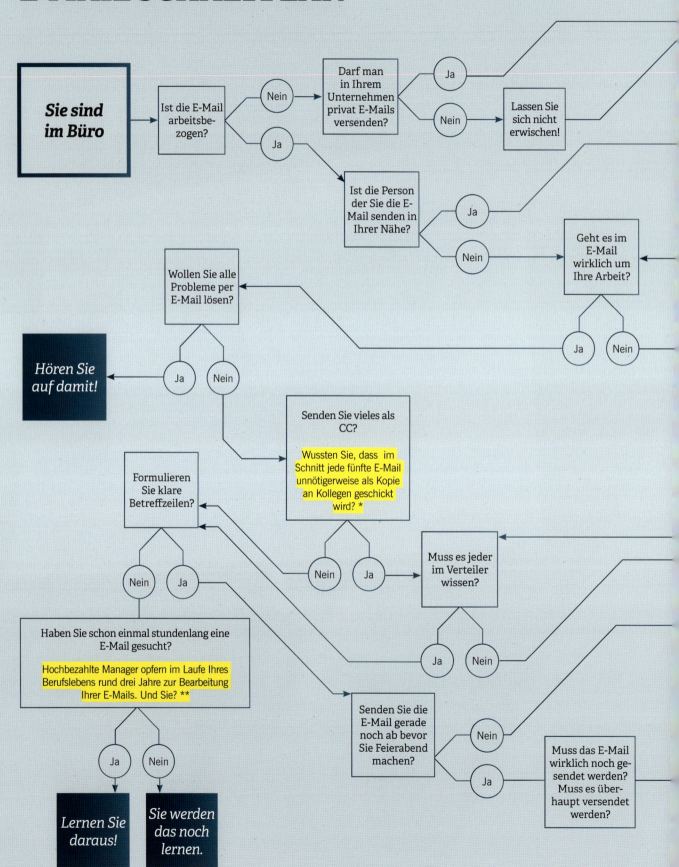

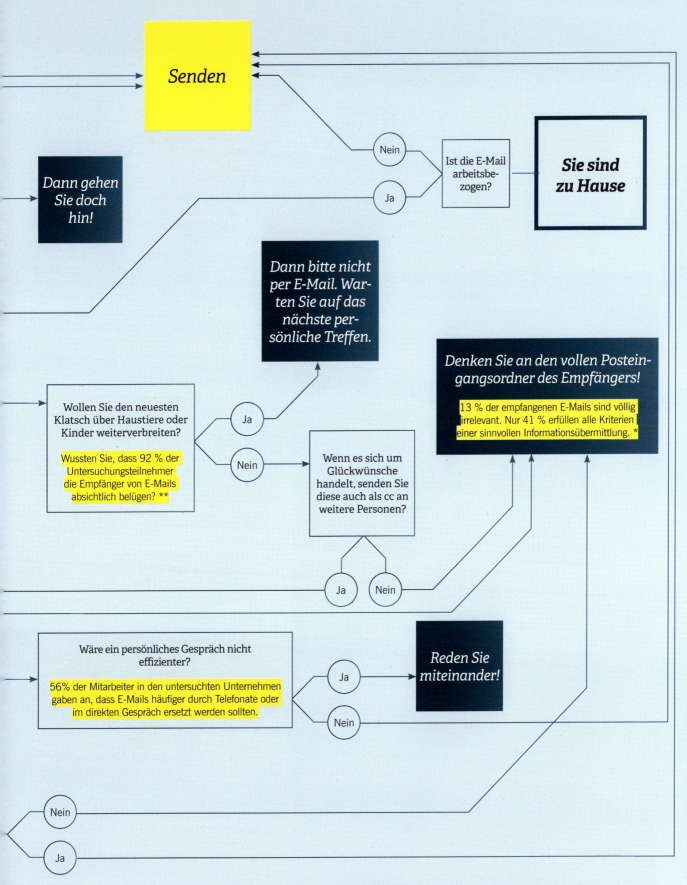

* Quelle: Was E-Mails Unternehmen kosten, Handelsblatt, 2011
** Quelle: E-Mails vernichten täglich 40 Minuten Arbeitszeit, derStandard.at, 2011
*** Quelle: Was E-Mails Unternehmen kosten, Handelsblatt, 2011

sogenannten Shitstorms begleitet, also wütenden Protesten der in den entsprechenden Medien vertretenen Community. Mit entsprechendem Imageschaden.

Wie man's richtig macht, hat Onlinehändler Otto gezeigt. Via Facebook warb das Unternehmen für einen Model-Contest, und die Aktion schlug ein wie eine Bombe. Zu Beginn der Kampagne hatte Otto ca. 25.000 Fans auf seiner Facebook-Seite, am Ende über 160.000. Nicht zuletzt, weil der Contest eine schräge „Siegerin" hervorbrachte. Unter dem Pseudonym „Der Brigitte" entschied ein männlicher Student mit blonder Perücke, Netzhandschuhen, Lippenstift und ordentlich Make-up den Wettbewerb für sich. Vorbildlich: Otto nahm's mit Humor. Mit dem Kommentar „Aus der Nummer kommst Du nicht mehr raus", nahm man die „Siegerin" beim Wort und lud zum Fotoshooting.

Das Ende der Expertokratie

Auf die durch soziale Medien gewonnene Transparenz setzen auch Innovationsprozesse, die die frühzeitige Einbeziehung des Kunden in den Mittelpunkt stellen. Klassische Innovationsmodelle wenden sehr viel Zeit, Energie und Ressourcen dafür auf, mit einer Heerschar von unternehmensinternen Experten möglichst lang geheim gehaltene neue Produkte zu entwickeln, die am Ende des trichterartig strukturierten Innovationsprozesses dem Markt ausgesetzt werden. Anders gesagt: Erst ganz am Ende wird der eigentliche Abnehmer, der Kunde, damit konfrontiert. Kein Wunder eigentlich, dass konservativ geschätzt 50% aller neuen Produkte Flops sind.

Open Innovation bietet einen radikal anderen Zugang und beruht auf Beteiligung von Mitarbeitern und Kunden in allen Phasen des Innovationsprozesses, auf das Schaffen von Interaktionsplattformen, in denen Kunden Verbesserungsvorschläge und Wünsche einbringen und Feedback zu Ideen und Konzepten bereits zu einem frühen Zeitpunkt geben können. Der Geschäftsführer eines österreichischen Handelsunternehmens, das etwa 250.000 Facebook-Fans hat, nimmt sich jede Woche eine Stunde Zeit, um die Einträge der Fans zu lesen und zu verstehen, was seine Kunden bewegt. Als Ersatz für klassische Marktforschung? Nein, aber als ungefilterte Ergänzung. Eine Heerschar an kleinen Programmen, Tools, kann dabei helfen. Das schlanke Twistori (http://twistori.com) filtert aus dem endlosen Strom von Twitter-Botschaften jene heraus, in denen Benutzer sagen, was sie lieben, was sie hassen, was sie sich wünschen, was sie denken und woran sie glauben. Einfach davorsetzen, zuschauen und inspirieren lassen!

Real-digitale Arbeitsplätze: Ein Ausblick

Digitale Technologien haben bereits heute massiv die Arbeitswelt verändert, der Einsatz von IT hat zu einem rasanten Geschwindigkeitsanstieg und weitreichender Vernetzung unserer Wirtschaft geführt. Die Richtung für die Zukunft ist klar vordefiniert: mobiler, vernetzter, virtueller. Ihre volle Veränderungskraft wird Technologie aber erst dann entfalten, wenn die durch sie geschaffenen Freiheitsgrade auch räumlich und kulturell umgesetzt werden.

BIG DATA: MEHRWERT DURCH EINBLICK

60% der Führungskräfte haben mehr Daten zur Verfügung, als sie effektiv nutzen. Dabei wird der analytische Einsatz großer Datenmengen zu einem entscheidenden Differentiator. Das zeigt eine Studie des M.I.T. Demnach greifen erfolgreiche Unternehmen fünfmal häufiger auf Big Data zurück als weniger erfolgreiche.

So führt etwa die Autovermietung Hertz mit ihren 8.300 Stationen in 146 Ländern enorme Datenmengen aus ganz unterschiedlichen Quellen zusammen: Strukturierte Daten etwa aus Buchungen und Mietverträgen, kombiniert mit semistrukturierten Daten beispielsweise aus Kundenumfragen und völlig unstrukturierten Daten aus E-Mails ergeben in Summe ein Bild von möglichen Verbesserungspotenzialen. Aufgrund der Analysen wird etwa die Anzahl der Mitarbeiter, die an einer Vermietstation zu einer bestimmten Uhrzeit Dienst machen, optimiert.

Kombiniert mit dem „Internet der Dinge", also der Durchdringung vieler alltäglicher Gegenstände mit Informationstechnologie, ergeben sich noch mehr Möglichkeiten für schlaue Auswertungen. Autohersteller Volvo sammelt aus den hunderten Sensoren, die in einem Auto heutzutage verbaut sind, nicht nur qualitätssichernde Informationen – etwa, was Wartungsintervalle angeht –, sondern analysiert auch, wie gut das Auto in bestimmten Fahrsituationen reagiert, bis hin zu Unfalldaten. Dies ermöglicht Volvo die weitere Verbesserung seiner markenbekannten Sicherheitsfeatures: „Wir können zum Beispiel fragen: Öffnen sich unsere Airbags genau im richtigen Moment für eine bestimmte Reihe von Umständen – und das nächste Mal, wenn ein Kunde beim Service ist, ein Software-Upgrade einspielen, damit das Auto noch sicherer wird", sagt Volvo.

Der Schlüssel zur smarten Nutzung von Big Data liegt demnach im Dreisprung aus: erfassen, auswerten und darstellen. Zum Erfassen stehen immer mehr Möglichkeiten zur Verfügung, sowohl socialmedia-geprägte menschliche Quellen an der Außenhülle und im Innenleben des Unternehmens als auch dingliche, digitale Inputgeber in Sensoren und Oberflächen. Cloudbasierte Rechnersysteme bieten auch kleineren und mittelständischen Unternehmen die Möglichkeiten, massive Datenvolumina zu bewältigen – Supercrunching, die geballte Rechenpower, steht längst nicht mehr nur den Konzernen mit großen Rechenzentren zur Verfügung. Und die gar nicht so neue, aber zunehmend an Bedeutung gewinnende Disziplin des Informationsdesigns ermöglicht es, aussagekräftige Blicke auf komplexe Zusammenhänge zu werfen. Und eben Mehrwert durch diesen Einblick zu generieren.

Ein Beispiel: Wenn in einem Bürogebäude durchgehend drahtloser Internetzugang vorhanden ist, die Mitarbeiter mit Tablets oder Notebooks und mit Mobiltelefon ausgestattet sind, lösen sich die Barrieren, die durch starre Architektur vordefiniert sind, sehr rasch auf. In einem solchen Fall muss zum konzentrierten Arbeiten nicht mehr am Schreibtisch gesessen und zum Zusammenarbeiten nicht der Meetingraum aufgesucht werden; stattdessen wird die Besprechung in die Kantine verlagert, das Konzept in der bequemen Sitzecke in der Cafeteria erstellt, und die rasche Besprechung findet am Gang zwischendurch statt. Feste Arbeitsplätze werden durch das Konzept der Vielfalt abgelöst, wie wir in dem Kapitel „Evolution von Arbeitsräumen" beschreiben.

Technologie kann hier wirklich helfen: Meetingräume mit interaktiven Whiteboards machen das übliche Abkupfern von Flipcharts obsolet und erlauben vielschichtigeres gemeinsames Arbeiten. Bereits jetzt erlauben ==kostengünstige Videoconference-Lösungen== die Teilnahme an Besprechungen, ohne physisch anwesend sein zu müssen. So bietet etwa die Polycom-Roundtable-Kamera ein 360-Grad-Bild des Meetingraums und fokussiert automatisch auf den jeweils gerade sprechenden Teilnehmer. Im brandaktuell umgestalteten Bürogebäude von Microsoft Österreich wurde zwar die Anzahl der Meetingräume gegenüber früher deutlich erhöht, ihre jeweilige Größe aber verringert. Grund: Man geht davon aus, dass durch digitale Meetingtechnologie bis zu einem Drittel weniger Menschen physisch an Besprechungen teilnehmen und sich stattdessen virtuell zuschalten werden.

Technologien, die das Leben erleichtern
Viele Technologien sind zu Kulturtechniken avanciert – denken wir nur an das Smartphone, auch schon Tablet-PCs. Nun aber treten wir in eine völlig neue Ära ein. Die Vorstellung, dass wir mit der digitalen Welt so kommunizieren, wie wir das mit Menschen tun – durch Einsatz von Sprache, Mimik, Gestik –, war bis vor kurzem noch Gegenstand von Science Fiction. Doch Apple hat mit Siri, der Sprachsteuerung für das iPhone, ebenso Maßstäbe gesetzt wie andere Hersteller mit Touch- oder Gesten-Technologien, die uns die Interaktion mit technischen Geräten auf vielfältigere und natürlichere Art ermöglichen. Umso wichtiger wird dies im Zeitalter des sogenannten Pervasive Computings oder auch Ubiquitous Computings. Mit diesen Begriffen wird die „alles durchdringende" Vernetzung des Alltags, somit die vollständige Auflösung von real und digital bezeichnet. Smarte Gegenstände, die auf uns reagieren und uns mit Informationen versorgen, sind noch die Ausnahme – in naher Zukunft aber die Regel.

Dass digitale Technologie nicht nur die Arbeitswelt für die sogenannten Wissensarbeiter positiv beeinflussen kann, sondern auch beispielsweise für Produktionsarbeiter, zeigen das Forschungsprojekt ==„Fit for Age"== der Bayerischen Forschungsstiftung und die neuesten Arbeiten der Technischen Universität München. Dabei wurden Ideen entwickelt, wie Menschen auch in körperlich anstrengenden Berufen bis zur Rente arbeiten können. Ein Beispiel dafür ist eine Werkbank, die sich aufgrund der im Mitarbeiterausweis gespeicherten Daten automatisch auf die Größe des Angestellten einstellt und somit eine ergonomische Arbeitsweise sicherstellt.

Ein anderes Beispiel ist eine Spezialbrille, die körperlich schwer arbeitenden Menschen anzeigt, wann ihre Belastungsgrenze erreicht wird. „Wenn der Mitarbeiter einen Körperteil stark belastet, wechselt er die Tätigkeit", so Wirtschaftsingenieur Jörg Egbers. Auch am Institut für Arbeitsphysiologie der Uni Dortmund arbeitet man an der Optimierung der Arbeitsumgebungen durch den Einsatz von digitaler Technologie. Dabei geht es nicht darum, „einen ‚Opa-Arbeitsplatz' zu schaffen", betont der Leiter der Projektgruppe, Dr. Gerhard Rinkenauer, vielmehr sei es das Ziel, durch die Mensch-Maschine-Schnittstelle ein möglichst breites Spektrum an problemfreien Arbeitswelten zu schaffen.

VORMARSCH DES ZWEITGERÄTS

Ein Viertel der Nutzer von mobilien Geräten wird schon 2016 mehrere mobile Geräte besitzen

Quelle: Global Mobile Data Traffic Forecast Update 2011-2016, Cisco, 2012

FUTURE FACTS:

» **E-Mail ist von gestern**: *Während 23–27-Jährige noch fast 7 Stunden pro Woche mit dem Verfassen und Bearbeiten von E-Mails zubringen, wenden 19–23-Jährige nur noch 4 Stunden dafür auf. Im Gegenzug steigt die Verwendung sozialer Medien.*

» **Überinformation ist Programm**: *Durchschnittlich werden Menschen heute mit 105.000 Wörtern pro Tag konfrontiert.*

» **Soziale Medien sind Gegenwart**: *56% würden ein Stellenangebot eines Unternehmens ablehnen, das die Verwendung sozialer Medien im Unternehmen einschränkt oder verbietet.*

» **Big Data als Herausforderung der Zukunft**: *Die Menge an Daten die im Jahr 2000 weltweit mobil versendet wurden übertrifft 75.000 Terrabytes. Im Jahr 2011 waren es bereits 597.000 Terrabytes.*

Alle Daten aus diesem Kapitel.

Arbeitsblatt

Ein kleiner Reality-Check gefällig? Dann überlegen Sie doch einmal:

Welcher Ihrer Kollegen nutzt eigentlich Social Media und welche Plattformen genau?

Wählen Sie drei Arbeitskollegen aus und tragen Sie diese in die oberste Zeile ein. Schätzen Sie nun jeden Ihrer Kollegen ein: Besitzt er einen Account bei Facebook, XING und Co.? Kreuzen Sie Ihre Antwort in der jeweils ersten Spalte an. Wenn Ihre Antwort JA lautet, schätzen Sie bitte die Anzahl der Kontakte Ihres Kollegen auf dieser Plattform.

Jetzt wird es spannend: Machen Sie den Reality Check und fragen Sie einfach bei Ihren Kollegen nach! Die Ergebnisse können Sie in der jeweils zweiten Spalte eintragen.

Lassen Sie sich von Ihren Kollegen die Vor- und Nachteile der jeweiligen Social-Media-Dienste erklären. Welcher davon wäre für Sie spannend?

CRASHKURS:

Sollten Sie noch nicht selbst aktiv sein, erstellen Sie sofort einen Account für sich. Schreiben Sie auf jeden Fall einen Kommentar darüber, was Sie von Social Media halten.

futureworks:
Trends erkennen. Zukunft machen.

Arbeitsblatt

KollegInnen	....		....		....	
	Was glauben Sie?	Reality Check	Was glauben Sie?	Reality Check	Was glauben Sie?	Reality Check
Facebook						
XING						
LinkedIn						
Google+						
Twitter						
bebo						
myspace						
Ning						

KAPITEL #6

Third-Place-Working

work:design besteht aus Ortswechseln, die für neue Perspektiven sorgen

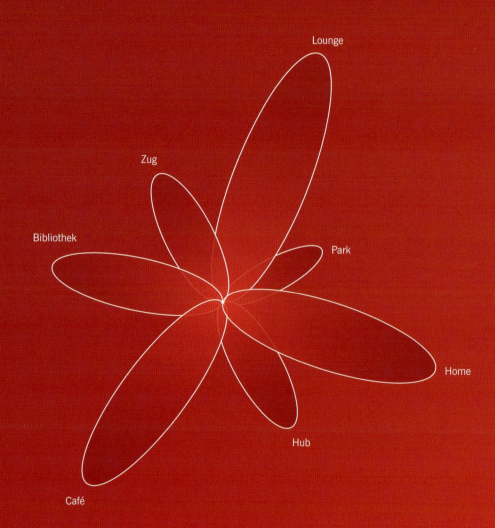

Mobiles Arbeiten gehört schon heute für viele zum Alltag. In Zukunft werden Orte außerhalb des Unternehmens noch bewusster und produktiver eingesetzt.

Oje. Das Hotel hat kein Gratis-W-Lan, keine Lounge, keine Rückzugszone, in der man kurz konzentriert ein paar Zeilen verfassen kann? Oh, ja. Auch das ist immer noch Teil einer Realität, die beruflich Vielreisende erleben. Deshalb wundert es kaum, dass die drei häufigsten Beschwerden der Geschäftsreisenden an die Hotellerie so simpel sind: zugängliche Steckdosen, gutes Licht, schnelles, kostenloses Internet über W-Lan. 75% der Geschäftsreisenden, die in einer Studie des Fraunhofer-Institutes befragt wurden, gaben an, dass sie mit der Arbeitsumgebung „Hotel" heute nicht zufrieden sind. Wer viel unterwegs ist, den wundert das kaum. Und darin liegt auch schon ein wesentlicher Schlüssel für die Arbeitswelt der Zukunft: Büros alleine reichen für den Arbeitsalltag kaum noch aus. Der Arbeitsplatz der Zukunft geht auch über den von den Unternehmen zur Verfügung gestellten Raum hinaus.

Neben der räumlichen Flexibilität gilt es auch die Nutzung der Zeit den neuen Gegebenheiten anzupassen. Die Herausforderungen liegen dabei sowohl bei den Unternehmen wie auch bei den Mitarbeitern. Die Individualität der Menschen – mit ihren individuellen Fähigkeiten und Talenten – rückt in den Vordergrund. Man könnte auch sagen: Der Beruf begleitet uns ständig. Die Abgrenzung auch zum privaten Leben wird damit noch schwerer. Schon heute fühlen sich viele Menschen mit diesem Doppelleben überlastet; es gibt kein wirkliches Abschalten mehr, man fühlt sich andauernd „on the job". Doch genau das wird sich verändern: Menschen lernen zunehmend, sich innerlich abzugrenzen und zu entspannen, auch wenn im Außen das Private nahtlos in das Berufliche übergeht. In letzter Konsequenz wird sich diese Auflösung der Grenzen sogar in einen positiven Effekt verwandeln. In einer groß angelegten Metastudie der Universität Durham in Großbritannien wurde festgestellt, dass persönlicher Spielraum bei Arbeitszeiten direkten Einfluss auf unser Wohlbefinden hat: So sinkt der Blutdruck, und die Qualität des Schlafes verbessert sich (Quelle: Cochrane Database of Systematic Reviews. Flexible working conditions and their effects on employee health and wellbeing. Bambra et al, 2010). Anders gesagt: Wer erst mal verstanden hat, mit der neuen Freiheit von Raum und Zeit umzugehen, erlebt sie als eine Zunahme an Lebensqualität und möchte auch nicht mehr zurück. Judy Thompson, ehemalige Revoluzzerin in der US-amerikanischen Elektronikkette Best Buy, schildert sogar, dass Leute, die in einer Abteilung mit „Results-Only Work Environment" arbeiten, lieber auf Beförderungen und Gehaltserhöhungen verzichten, als in eine Abteilung mit herkömmlichem Arbeitsprinzip zu wechseln (Quelle: brand eins 2007).

Der dritte Ort

Die Soziologie kategorisiert unsere Lebensräume in erste, zweite und dritte Orte. Als erster Ort wird das Zuhause bezeichnet, der zweite Ort ist der Arbeitsplatz. Dritte Orte (Third Places) sind Räume der Begegnung. Das können öffentliche Räume sein, wie etwa der Stadtraum, aber auch halböffentliche Orte wie Bahnhöfe, Bildungseinrichtungen und Freizeiträume. Geschäfte und Gastronomie zählen ebenfalls zur Kategorie dritte Orte. Sie alle bieten auf ihre eigene Art die Möglichkeit von Kommunikation und Erlebnis. Dabei versetzt uns die Technologie in die Lage einer immer größeren Freiheit, und selbst die Unterteilung in diese drei Kategorien von Räumen verliert ihre Trennschärfe. Denn sowohl im ersten, zweiten wie im dritten Raum leben wir alle Facetten unseres modernen Lebens. Im Büro organisieren wir auch mal private Angelegenheiten, zu Hause schreiben wir auch berufliche Mails, und im Café etablieren wir tägliche Rituale des privaten, aber auch des geschäftlichen Lebens. Die Verbindung dieser Bereiche als Entdeckung des einen großen Lebens- und Arbeitsraumes ist das wirklich Neue. Denn im Außen, in unserer Umwelt, geht es kaum mehr um eine saubere Trennung, denn um eine gekonnte Verbindung dieser Raumkonzepte. Und für Unternehmen wird es zur großen Aufgabe, diese Verbindung gewinnbringend zu nutzen. Daher brauchen wir im work:design ein Verständnis für die Philosophie des Third-Place-Workings. Denn: Ein so dermaßen fließendes und flexibles Arbeiten (im Außen) setzt eine große Klarheit und Selbstkompetenz – oder simpel Selbstbewusstsein – voraus. Wer also fließende Übergänge zum Standard erhebt, muss in Zukunft auch das Selbstbewusstsein der Menschen fördern.

Eine wachsende Gruppe arbeitender Menschen hat das Third-Place-Working bereits zur Kultur erhoben: Holm Friebe und Sascha Lobo prägten 2006 in ihrem Buch „Wir nennen es Arbeit" den Begriff „Digitale Bohème". Kurz: Leute in Cafés ohne Festanstellung, aber mit Internetzugang. Sie kennen keinen Feierabend, Privates und Berufliches gehen Hand in Hand. Ein selbstbestimmtes Leben zählt für sie mehr als ein Arbeitsvertrag. Doch heute zeigt sich, dass beides möglich ist. Denn die Produktivität der Zukunft liegt eben nicht mehr zwingend in Anwesenheitsstunden, sondern in Modellen des interaktiven Zusammenspiels von Talenten, Fähigkeiten und deren Förderung.

Co-Working Spaces entstanden eben aus diesem Wunsch von Freiberuflern, Startups und Kreativen, nicht in den eigenen vier Wänden alleine vor sich hinzuarbeiten. Die Gemeinschaftsbüros ermöglichen kreativen Austausch, immer in unterschiedlicher Konstellation. Mittlerweile bestehen internationale „Ketten" von Co-Working Spaces. Ist man einmal Mitglied, kann man sich in Wien oder Berlin oder Barcelona ins Büro setzen. Wie auch The Hub vorzeigt – hier gibt es zusätzlich die Komponente des gemeinsamen Interesses, denn alle Mitglieder sind Social Entrepreneurs, also Menschen, die ihre wirtschaftlichen Tätigkeiten mit gesellschaftlichen Ansprüchen an Umweltschutz, Nachhaltigkeit oder Armutsbekämpfung verbinden.

Immer häufiger stellen Menschen fest, dass sie an verschiedenen Orten und Plätzen auch verschiedene Gedanken und Impulse zum Arbeiten bekommen. Vielleicht gelingt es im Café um die Ecke besonders gut, eine neue Idee zur Produktverbesserung zu formulieren. Die vielen Menschen wirken inspirierend und lassen frische Gedanken nur so sprudeln. Während auf dem Flughafen angekommen, die Wartezeit meist dafür genutzt wird, E-Mails zu beantworten. Hier ist alles schnell, linear und geordnet, und während man sich in den Strom einordnet, fließen auch die Texte für E-Mails nur so aus den Fingerspitzen. Die nächste Präsentation bereitet man dann vielleicht liebend gern in der Bibliothek vor. Dort ist immer eine meditative Ruhe, in der man sich wunderbar konzentrieren und klare, strukturierte Gedanken fassen kann. Diese Art des Arbeitens wird für immer mehr Menschen zur Normalität und für Unternehmen der Zukunft zu einer wesentlichen Ressource: unterschiedliche Orte und deren Einfluss-Qualität auf den einzelnen Menschen zu nutzen. Die Bibliothek würde wahrscheinlich heute kaum ein Unternehmen als einen „Arbeitsplatz" definieren. Für die Zukunft gilt: Wieso eigentlich nicht?

Die Stadtbibliothek als Büro

Bibliotheken erkannten dieses Potenzial bereits und verwandelten sich von Bücherherbergen mit kalten Lesesälen zu konzentrierten Hubs der Medien, des Wissens und der Kommunikation. Neben 24h-Öffnungszeiten bieten sie kleine Work-Units, die jeder

---

Ein fließendes und flexibles Arbeiten setzt eine große Klarheit und Selbstkompetenz voraus

---

Die nächste Präsentation bereitet man dann vielleicht liebend gern in der Bibliothek vor

VORTEILE VON THIRD PLACE WORKING
Was zum Arbeiten an Third Places führt

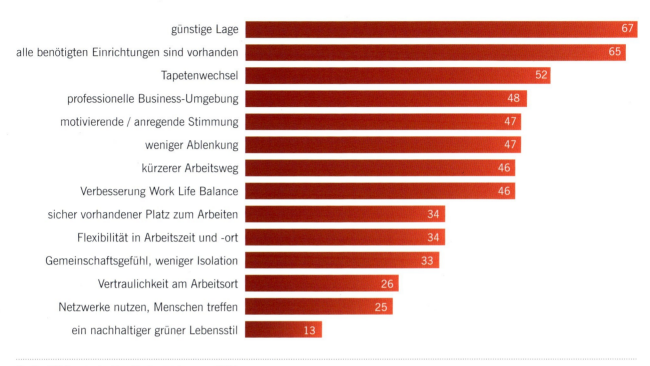

Quelle: ZZA Responsive User Environments, regus, 2011

nach Bedarf für konzentriertes Arbeiten nutzen kann. Ebenso wichtig für die Weiterentwicklung von Konzepten und Gedanken ist neben dem Studium der Bücher und Medien auch der Austausch, das Gespräch untereinander. Angesichts der massiven Digitalisierung – Amazon verkaufte 2011 in den USA erstmals mehr E-Books als gedruckte Bücher – ist eine umfassende Debatte zur Daseinsberechtigung und Finanzierung von Bibliotheken entstanden. Jaron Lanier, Autor des 2010 erschienenen Buchs „You Are Not a Gadget", meint, dass es den Menschen gerade an Zeit und Orten mangelt, um nachzudenken. Und dass Bibliotheken einen neue Sinn bekommen als „Denkorte der Zivilisation". „Sprechen verboten!" – das war gestern. „Die moderne Bibliothek als moderner Dienstleister kann und macht (fast) alles", sagt auch der Direktor der Unibibliothek Wuppertal, Uwe Stadler, im Spiegel.

Bibliotheken, ob nun angeschlossen an einer Universität oder eine Stadtbibliothek, werden immer mehr zu Orten der Kommunikation, zu einem Treffpunkt, ausgestattet mit Café und einladenden Sitzbereichen, die eine angenehme Atmosphäre für den Aufenthalt schaffen. Zusätzlich bieten sie Kurse für Recherche, frühkindliche Erziehung zum Lesen und Freizeitangebote rund ums Buch.

Aber auch staatliche Einrichtungen erkennen immer öfter, dass sie nebst ihrem klassischen Dienst auch ein Ort des Austauschs und der Kommunikation sein können; eben genau an der Schnittstelle zwischen Bürger und Staat. Die Verwaltungsbereiche beachten zunehmend, dass die Digitalisierung und Effizienzsteigerung in den Arbeitsprozessen nicht zum Nachteil für Mitarbeiter und „Kunden" sein muss. Sondern dass genau hier die Möglichkeiten bestehen, den direkten Kontakt zu nutzen, um sich zum einen positiv zu präsentieren und zum anderen ein direktes Feedback zu erhalten.

Die TU Darmstadt verlagerte alle öffentlichen Bereiche in den Neubau „Karo5 – die Willkommens-Plattform". Ein transparenter Glaskubus, der Platz für einen großzügigen Servicebereich der Verwaltung, eine Ausstellungszone und ein Café mit Lounge- und Arbeitsbereich bietet – nicht nur für Studierende. Das innovative Innenraumkonzept des Gebäudes wurde 2009 mit einem iF communication design award 2009 ausgezeichnet.

Zukunftsinstitut :: work:design

Immer mehr gefragt: Orte des Rückzugs

Nicht nur diejenigen, welche gern als die Kreative Klasse umschrieben werden, also von Programmierern über Musiker bis zu Lehrern eine große Gruppe Menschen, brauchen heute ständigen Input. Allein die Anzahl der Mitglieder bei Facebook oder anderen Social Networks zeigt, wie sehr der Wunsch nach einem immer „on" vorhanden ist. Und die moderne Arbeitswelt braucht dieses Dauerfeuer zwar, doch „ständig online, das geht nicht", so Götz Mundle, Psychotherapeut und Ärztlicher Geschäftsführer der Oberbergkliniken, wo schwerpunktmäßig Erkrankungen wie Burnout, Sucht und Depressionen behandelt werden, im Gespräch mit „Psychologie Heute".
So geben 10% der Befragten einer Forsa-Umfrage an, dass sie ständig unter Stress stehen, weitere 22% leiden häufig darunter (Quelle: Kundenkompass Stress, Forsa 2009 in statista.de).

ständig online, das geht nicht

Um die Batterien wieder aufzuladen, um das Erlebte zu verarbeiten und nicht zuletzt um die vielen Informationen des Alltags progressiv in neue Taten zu lenken, benötigen Menschen des 21. Jahrhunderts mehr denn je Orte des Rückzugs, der Besinnung, des Krafttankens. Im Zentrum dieser Orte steht die Freiheit der Nichterreichbarkeit. Offline sozusagen. Damit ist kein „für" oder „gegen" das Internet gemeint. Vielmehr geht es um den ständigen Beschuss durch Informationen – sei es über W-Lan oder via andere Medienkanäle. Nicht zuletzt Multi-Tools wie Tablet-PC oder Handys sind in diesem Zusammenhang virtuose Instrumente der „App"-Welt. Der Trend zu Offline-Rückzugszonen bedeutet eher eine persönliche Fastenzeit von den virtuellen wie auch realen äußeren Mitteilungen und ein Zurück zum Wesentlichen, eine Konzentration aufs „Innenleben".

Menschen des 21. Jahrhunderts benötigen mehr denn je Orte des Rückzugs, der Besinnung, des Krafttankens

Der Tourismus erlebt deshalb zurzeit eine stärkere Nachfrage nach „Offline-Reisen", also Gelegenheiten, unterwegs abzuschalten. Für viele, die unterwegs arbeiten, ist das mehr Wunsch als Wirklichkeit. Obwohl gerade Hotels neben mehr W-Lan auch für diese Ansprüche aufrüsten werden. Gekonnt zeigt das corbin in Freising, dass Arbeit und Ruhe sich nicht ausschließen müssen. Auf Wunsch kann das Zimmer „vom Netz" genommen werden, um Elektrosmog zu reduzieren. Natürliche Materialien kommen zum Einsatz und werden entsprechend der Feng-Shui-Grundsätze harmonisch in das Business-Konzept integriert. Und Internet gibt es trotzdem.

Hotels als Drehscheibe mobilen Arbeitens

Als Arbeitsplatz haben Hotels schon eine längere Tradition, meist in Form von Seminar- und Konferenzräumen. Aber erst mit der nun so dominierenden Menge an mobil arbeitenden Menschen erhöht sich der Bedarf an neuen Konzepten auch in den Hotels drastisch. Denn der Seminarraum kann in vielen Fällen den vielfältigen Ansprüchen von mobilem Arbeiten nicht mehr gerecht werden. Stattdessen kommt es vermehrt darauf an, Kommunikationsflächen zu bieten, oder Seminarräume mit einer Spezialausrichtung: Wie im Northern Light Hotel in Oslo, in dem man unterschiedliche Räume buchen kann – je nach Art des Meetings. Für ein Kreativ-Meeting ist es eben dann ein bunter, schriller Raum mit viel Außen-Inspiration, welcher die Teilnehmer eines Workshops auf buntes neues Denken trimmt. Will man eine klassische Präsentation, gibt es schlichte, schön designte Räume mit moderner Audio- und Videotechnik und wenig ablenkendem Schnickschnack. Dies ist ein Beispiel für ein Hotel, das bereits verstanden hat, die größer werdenden Bedürfnisse neu zu übersetzen.

Ein weiterer interessanter Ansatz erwächst für die Hotels auch aus der Flexibilisierung der Arbeitsbedürfnisse. Sogenannte Co-Working Spaces gewinnen zunehmend an Zuspruch, gerade von kleinen und mittleren Unternehmen – denn diese Arbeitsplätze werden einfach bei entsprechendem Bedarf „dazugebucht". Sogar stundenweise ist dies möglich, wie über die Plattform OpenDesks, um die Zeit zwischen zwei Meetings produktiv nutzen zu können.

Der Kreativarbeiter, der „früher" im Café zum Arbeiten saß, nutzt an diesen Orten die unkomplizierten Angebote der temporären Arbeitsplätze – und hat die Chance auf einen anregenden Austausch mit anderen Nutzern dieses Angebots. Hotels sind hierfür prädestiniert, weshalb auch in den Städten immer häufiger solche temporären Arbeitsplätze in Hotels zu finden sind. In vielen Courtyard Hotels wurde daher die Lobby neu gestaltet, um mit flexiblem Mobiliar unterschiedliche Arbeits- und Meetingsituationen zu ermöglichen. Ein großer Touchscreen, das GoBoard, liefert rasch Informationen zu Verkehr, Flügen, Wetter und gibt lokale Restaurantempfehlungen. Damit avanciert das gekonnt gemachte Hotel zu einem ganz wichtigen Ort für die Arbeitswelt der Zukunft: ein temporärer Ort, der von Reisenden und Ansässigen gleichermaßen genutzt werden kann.

ÜBERINFORMIERT

Wie häufig leiden Sie unter Stress? (Prozent)

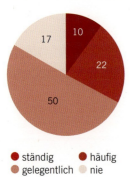

- ständig: 10
- häufig: 22
- gelegentlich: 50
- nie: 17

Quelle: statista, forsa 2009

Meet'n'Work
Das Meet'n'Work-Raumkonzept in Frankfurt zielt genau auf die Bedürfnisse des Third-Place-Working ab: Von Co-Working über Konferenzen bis zu kurzfristigen Offices lässt sich dort alles realisieren. Das Raumambiente ist modern und inspirierend und die Nutzung für jeden Wissensarbeiter variabel gestaltbar.
www.meetnwork.de

Zukunftsinstitut :: work:design

DIE QUALITÄT VON ORTEN

Die Arbeitswelt von morgen ist ein Netzwerk von Orten. Selbst für Menschen mit eigentlich „festen" Arbeitsplätzen werden dritte Orte der Arbeit immer wichtiger werden.

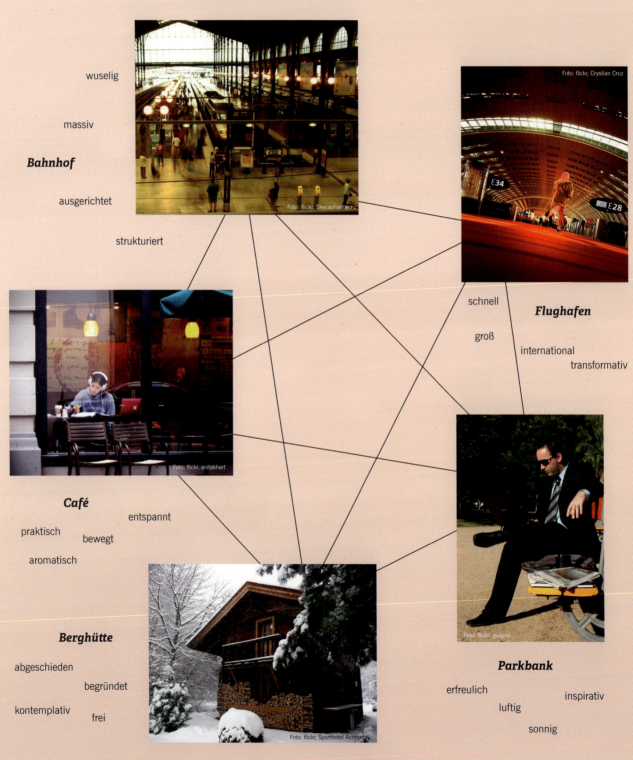

Bahnhof
wuselig
massiv
ausgerichtet
strukturiert

Flughafen
schnell
groß
international
transformativ

Café
praktisch
bewegt
aromatisch
entspannt

Berghütte
abgeschieden
begründet
kontemplativ
frei

Parkbank
erfreulich
luftig
inspirativ
sonnig

Quelle: Zukunftsinstitut

Die Hochgeschwindigkeitszüge Thalys im Benelux-Gebiet haben sich auf den Bedarf von Geschäftsreisenden eingestellt. Seit Ende 2010 bietet „Le Salon", ein Besprechungsraum für vier Reisende am Kopf jedes Wagens, optimale Arbeitsbedingungen: WiFi-Zugang, Steckdosen, Ungestörtheit, Besprechungstisch und elegante Ausstattung sowie Catering und weitere First-Class-Serviceleistungen.

Designentwürfe von Priestmangoode zum neuen High-Speed-Zug Mercury orientieren sich stark an modernen Design-Büros oder gar Wohnzimmern. Der Zweck der Distanzüberwindung steht längst nicht mehr im Vordergrund, sondern ist praktischer Nebeneffekt.

Generell: Es geht um die Qualität von Orten

Viele gesellschaftliche Entwicklungen sind verantwortlich für die moderne Arbeitswelt: Fast nebenher haben diese Bedingungen dafür gesorgt, dass Arbeit heute mobiler ist denn je und sich an unterschiedlichen, an dritten Orten abspielt. Was nun folgt, ist die Adaption dieser Tatsache in eine für alle gewinnbringende Form des Third-Place Working. Dafür werden immer häufiger die bestehenden Orte neu interpretiert und als Orte der Arbeit anerkannt. Menschen, ob in festen Arbeitsverträgen oder frei arbeitend, werden mehr und mehr sensibilisiert darin, Orte auszuwählen, die zu ihrer momentanen Aufgabe passen. Inspiration im Hotel, Kontemplation in der Bibliothek, Klarheit in der Natur, Speed in einem Zug ... alles hat einen Ort, an dem eine bestimmte Ressource mehr vorhanden ist als anderswo.

Die öffentliche Umgebung wird damit zur Plattform für Arbeit und Leben. Die Anforderungen der „frei" arbeitenden Menschen scheinen sich auch schon klar zu formieren. Die Global Business Survey 2011 (Marketing UK, Regus) bringt zu Tage, wie die Engländer die Vorzüge des Third-Place Workings sehen: Neben den praktischen Aspekten wie leichter Erreichbarkeit und der Verfügbarkeit von „allem, was man braucht" sind gerade die weichen Faktoren sehr wichtig. Szenenwechsel, Inspiration oder eben auch Konzentration. Der Ortswechsel an und für sich ist demnach für immer mehr Menschen ein Gewinn, wenn es um ihre Arbeit geht. Es bringt praktische Vorteile, aber eben auch einen emotionalen oder inspirierenden Mehrwert. Dazu kommt, dass unterwegs auch immer etwas passiert. Sei es, dass man zufällig jemanden trifft oder kennenlernt, oder ein neues inspirierendes Produkt, über das man unterwegs stolpert.

Innenansicht des High-Speed-Zugs Mercury

Der Zufall ist die Würze im Arbeitsleben von Wissens- und Kreativarbeitern der Zukunft. Diese gewollten Irritationen und Ereignisse werden durch das Third-Place Working instrumentalisiert. Setzt man also den dritten Ort bewusst als einen Ort der Arbeit ein, bereichert er auf vielfältige Art und Weise das Leben der Menschen, aber auch die Produktivität von Unternehmen.

Der Rohstoff für das mobile Arbeiten ist (Selbst-)Vertrauen

Die Basis für die gekonnte Zerstreuung der Arbeit auf viele Orte außerhalb eines Unternehmens ist das Vertrauen: nämlich jenes der Mitarbeiter in sich selbst. Und das Vertrauen der Unternehmen in ihre Mitarbeiter. Die Trennung zwischen Leben und Arbeiten, zwischen Privat und Beruf, wird im Außen immer schwieriger zu vollziehen. Weshalb es einen hohen Grad an Selbstbewusstsein und Vertrauen in die Fähigkeit braucht, diese Grenzen in sich selbst wahrzunehmen. Man könnte auch sagen, es braucht einen inneren Schalter, der zwischen Beruf und Privat switchen kann – unabhängig vom äußeren Ort.

Damit setzt Third-Place Working voraus, dass Menschen in einem Unternehmen auch in ihrem Selbstvertrauen gefördert werden. Wo dies gelingt, können dritte Orte bewusster und gezielter als bisher – und gewinnbringend für Unternehmen und Mitarbeiter – als Arbeitsplätze der Zukunft eingesetzt werden.

Alles hat einen Ort, an dem eine bestimmte Ressource mehr vorhanden ist als anderswo

Arbeitsblatt

Haben Sie sich schon einmal darüber Gedanken gemacht, dass Sie gerne an einem anderen Ort arbeiten würden, aber waren dann unschlüssig, was Sie dort eigentlich machen könnten? Und vor allem wo? In diesem Arbeitsblatt bieten wir Ihnen die Möglichkeit, neue Arbeitsorte für sich zu entdecken und ihr Potenzial einzuschätzen.

Bestimmen Sie als Erstes einen Ort, den Sie auf seine Tauglichkeit als Arbeitsort überprüfen wollen. Beziehen Sie sich dabei auf einen ganz konkreten Ort.
Beispiele: Unibibliothek, Zentralcafé, Parkbank im Stadtpark, Zugabteil auf Fahrt zwischen Frankfurt und Köln etc.

Notieren Sie in der Zeile darunter jene Eigenschaften und Besonderheiten, die diesen Ort ausmachen.

Bewerten Sie nun Erreichbarkeit und Wohlfühlfaktor, indem Sie die entsprechenden Symbole einkreisen. Anschließend schätzen Sie ein, wie hoch die Wahrscheinlichkeit ist, dass Sie hier inspiriert werden: von zufälligen Begegnungen, dem Ort an sich, Aha-Erlebnissen etc. Überlegen Sie anschließend, ob der Ort funktional ausgestattet ist.

Halten Sie in Schlagworten fest, was diesen Ort für Sie besonders macht.

Nun können Sie definieren, für welche Tätigkeiten dieser Ort für Sie am besten geeignet wäre. Könnten Sie dort gut schreiben, organisieren, nachdenken etc.?

Abschließend halten Sie Ihre Erkenntnisse zu diesem potenziellen Third Place fest.

FUTURE FACTS:

» **Mobilität setzt sich durch**: *3 von 5 Studenten erwarten von ihrem künftigen Arbeitgeber, ihre Tätigkeit unabhängig von Arbeitsort und Arbeitszeit verrichten zu dürfen.*

» **Die Qualität von dritten Orten wird bewusst genutzt**: *52% nutzen dritte Orte für den Tapetenwechsel, 47% wegen der angeregten Stimmung, 46% wegen einer besseren Work-Life-Balance.*

» **Hotels funktionieren noch kaum als dritte Orte**: *75% der Geschäftsreisenden sind mit dem Hotel als Arbeitsraum unzufrieden.*

» **Digitalisierung fördert Arbeit an dritten Orten**: *Über 50% der Bücher, die von Amazon in den USA verkauft werden, sind E-Books.*

CRASHKURS:

Und nun: Alles Wichtige einpacken und ab zu Ihrem Favoriten – testen Sie vor Ort Ihren neuen Third Place!

Alle Daten aus diesem Kapitel.

futureworks:
Trends erkennen. Zukunft machen.

Arbeitsblatt

Potenzieller neuer Arbeitsort	Bibliothek			
Eigenschaften	Wissensspeicher, Ruhezone, WLAN			
Erreichbarkeit	++ + − **−−**	++ + − −−	++ + − −−	++ + − −−
Wohlfühlfaktor	**++** + − −−	++ + − −−	++ + − −−	++ + − −−
Inspirations-Wahrscheinlichkeit	++ **+** − −−	++ + − −−	++ + − −−	++ + − −−
Funktionalität	++ + **−** −−	++ + − −−	++ + − −−	++ + − −−
Was macht den Ort besonders für mich?	Ruhe			
Was könnte ich dort besonders gut?	Recherchieren, lesen, Texte schreiben, **konzentriertes Arbeiten**			
Erkenntnis	Aufgrund der Lage nur interessant wenn ich mehrere Stunden dort arbeiten kann → zum Texte ausarbeiten			

KAPITEL #7

Voller Kraft voraus

Im Zeitalter von work:design etabliert sich Gesundheit im Arbeitsalltag

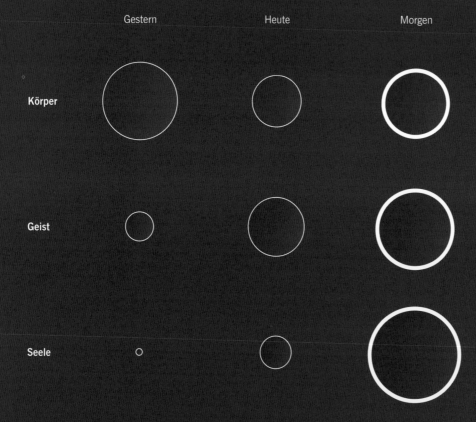

Psychische und physische Belastungen nehmen zu. Deshalb werden Unternehmen in Zukunft noch mehr als bisher auf die Gesundheit ihrer Mitarbeiter achten.

Gesunde Menschen braucht jedes Unternehmen! Dies ist klar. Bislang waren für die Gesundheit aber vor allem die Menschen selbst verantwortlich. Doch schon in den letzten Jahren hat sich abgezeichnet, dass immer mehr Unternehmen sich um das körperliche Wohlbefinden ihrer Mitarbeiter Gedanken machen. Fitnessstudios wurden in Unternehmen etabliert oder Kooperationen eingegangen. Die mobilen Masseure pilgern von Firma zu Firma, und die einen oder anderen Unternehmen führen kleine Meditationen für zwischendurch ein. Was damit als Pflänzchen startete, geht einher mit einer zunehmenden Verwandlung: Gesundheit avanciert zu einem Schlüssel für den Erfolg von Unternehmen, weil Kompetenz in müden Körpern nichts voranbringt. Dabei ist Gesundheit eben keine rein körperliche Angelegenheit: Eine Studie der AOK aus dem Jahr 2011 ergab, dass seit dem Wechsel ins neue Jahrtausend die Fehltage aufgrund psychischer Erkrankungen um 80 Prozent gestiegen sind. Fast jeder zehnte Fehltag ist auf psychische Probleme zurückzuführen. Knapp 100.000 Deutsche wurden im Jahr 2010 mit der Diagnose Burnout krankgeschrieben. Besonders häufig sind Frauen mittleren Alters betroffen.

Eine drastisch hohe Zahl an Angestellten unterschiedlichster Branchen leidet darunter: An der ärztlichen Verordnung von Psychopharmaka kann man dies nachvollziehen. Dass speziell bei Menschen außerhalb aktiver Arbeitsbeziehungen die Einnahme von Pillen für die Stimmung hoch im Kurs ist, wundert kaum. Im Vergleich zu Menschen in Beschäftigung werden an Arbeitslose fast doppelt so häufig Psychopharmaka verschrieben. Daran erkennt man schon eine zentrale Funktion moderner Erwerbsarbeit: Man erwirbt nicht nur Geld, sondern auch ein soziales Umfeld. Wolfgang Engler formuliert das so: „Was immer Erwerbsarbeit sonst noch vermag, sie knüpft ein soziales Netz, im Herstellungsprozess und weit darüber hinaus." Aber sind wir dann in einer Zwickmühle, wenn Arbeit wie auch Nicht-Arbeit zu Burnout führt? Wobei Burnout eben keine Krankheit im herkömmlichen Sinne ist, sondern in erster Linie ein Problem mit der Bewältigung der Lebensumstände ausdrückt. Es kommt zu körperlicher, emotionaler und geistiger Erschöpfung aufgrund einer ganzheitlichen Überlastung. Diese Überforderung wird meist durch längerfristigen Stress und Druck ausgelöst. „Viele meiner Patienten mit Burnout sind Menschen, die ihren Beruf sogar sehr lieben. Die einfach nicht aufhören können", sagt Gabriele Merkel, die sich in ihrer Münchner Praxis auf die Behandlung von chronischen Erschöpfungszuständen spezialisiert hat. „Dabei kann man diesen Menschen nicht einfach sagen:

Gib doch mal Ruhe! Vielmehr geht es um einen Lernprozess, in dem man sich mit den eigenen Grenzen und Signalen des Körpers beschäftigen muss", so die Expertin. Und genau diese Fähigkeit wollen Unternehmen in Zukunft in ihren Unternehmensalltag integrieren. Damit sich die gesamte Organisation auf Gesundheit und damit auf Erfolg programmieren kann.

Ein Kern-Dilemma dieses Vorhabens liegt aber gerade in der Form moderner Unternehmen, in denen sich Grenzen zunehmend auflösen. Im Außen werden Orientierungspunkte immer schwieriger erkennbar. Die Lebensbereiche verschränken sich, wie schon öfter in dieser Studie aufgeführt: Die Aufgaben-Komplexität, vom Lernen über die Nutzung der Technologie bis zur freien Platzwahl im Büro, macht den Anspruch eines gesunden Arbeitsalltags auch nicht einfacher. Und dann noch zusätzlich Sport am Abend oder zwischendurch – das erhöht den Stressfaktor oder bringt ein schlechtes Gewissen, wenn man es wieder einmal nicht schafft. Um diese Außenfaktoren in den Griff zu bekommen, gilt es für den Einzelnen, die Kompetenz im Umgang mit sich selbst drastisch zu erhöhen. Das beginnt beim Selbstbewusstsein und endet beim Verstehen von Abläufen im Körper. Das work:design greift hierfür drei altbekannte, aber effektive Ebenen auf, um Gesundheit in Organisationen zu etablieren: Körper, Geist und Seele.

> *Es geht um einen Lernprozess, in dem man sich mit den Signalen des eigenen Körpers beschäftigen muss*

Ernährung, Sport und Bewegung

Die zentrale Herausforderung besteht darin, Gesundheit in den Alltag der Menschen zu integrieren. Soft Health nennt die Trend- und Ernährungsexpertin Hanni Rützler dies, wenn sich diese Gesundheit ganz ohne Widerstände und doppelten Aufwand in die Gegenwart einbauen lässt. Das beginnt zum Beispiel bei der Auswahl der täglichen Ernährung. Bei Boehringer Ingelheim können Mitarbeiter an sogenannten „Lecker und gesund"-Kochevents teilnehmen. Nebst dem Spaß am gemeinsamen Kochen werden Wissen und Hintergründe zu Nährstoffen und Gesundheitsförderung weitergegeben. Diese Events sind Teil eines weitergehenden Gesundheitsprogramms des Unternehmens, das dafür auch einen „Corporate Health Award 2011" gewonnen hat. „Das im Rahmen einer Konzernbetriebsvereinbarung aufgelegte Programm zur Gesundheitsprävention ‚Fit im Leben – Fit im Job' erweist sich dabei als eine besonders effektive Maßnahme zum Aufbau eines gesundheitsförderlichen Verhaltensstils für alle MitarbeiterInnen in Deutschland. Das Programm ist modular aufgebaut und unterliegt standardisierten Kriterien des Qualitätsmanagements. ‚Fit im Leben – Fit im Job' startet mit einer individuellen Beratungseinheit im Werksärztlichen Dienst, in deren Verlauf Informationen zur Zielrichtung des Programms kommuniziert und erste diagnostische Schritte eingeleitet werden (FIT1). Im Anschluss erfolgt zu einem zweiten Termin die eigentliche Check-up-Untersuchung in einer auf Präventivmedizin spezialisierten Praxis inklusive der auf die individuellen Bedürfnisse abgestimmten ärztlichen Beratung (FIT2). Eine Einbindung des Hausarztes (FITongoing) und die sechs Wochen später angebotene Beratungseinheit im Werksärztlichen Dienst (FITback) gewährleisten eine kontinuierliche Sensibilisierung für die Entwicklung eines gesundheitsbewussten Verhaltens" (Quelle: Projektbeschreibung).

Dieses Programm zielt offensichtlich auf die Verhaltensebene ab und versucht Gesundheit als Bewusstsein im Unternehmen zu etablieren. Wie überhaupt die Gewinner dieses Awards für Gesundheit in Unternehmen sehr stark auf die Prävention fokussieren. Aber: Eben auch auf körperliche Gesundheit und das Setzen von Standards. Die Herausforderung für jedes Unternehmen ist allerdings die Abstimmung zwischen Gesundheitsverständnis und Leistungsdruck. Soft Health, wie weiter oben erwähnt, meint eben nicht nur den Zugriff auf die Verhaltensebene – und damit intensive Trainings. Sondern die rigorose Integration in den Alltag. Es ist die eine Sache, zu wissen, wie gesunde Ernährung sein sollte. Und die andere, was es jeden Tag in der Kantine gibt. Immerhin isst jeder fünfte Deutsche täglich in einer Kantine. „Jährlich werden etwa 1,5 Milliarden Hauptmahlzeiten in deutschen Kantinen zubereitet. Wirklich gesund sind die Kantinenmahlzeiten oft nicht", schreibt die Zeit Online, und weiter: „Laut Gesetz müssen Kantinen in der Speisekarte beispielsweise Farb- und Konservierungsstoffe, Antioxidationsmittel und Phosphate ausweisen. Das hilft insbesondere Mitarbeitern mit Allergien. Vor 2005 gab es keine Verordnung, die eine Kennzeichnung von Allergien auslösenden Stoffen vorschrieb. Eine Vorschrift, gesundes Essen statt Fastfood anzubieten, besteht hingegen nicht." Besser wäre es.

Es ist eine Sache zu wissen, wie gesunde Ernährung sein sollte. Die andere ist, was es jeden Tag in der Kantine zu essen gibt

ARBEITSUNFÄHIGKEITSTAGE

Vertikal: Krankheitsfälle pro 100 Versicherte, Horizontal: Durchschnittliche Dauer in Arbeitsunfähigkeitstagen

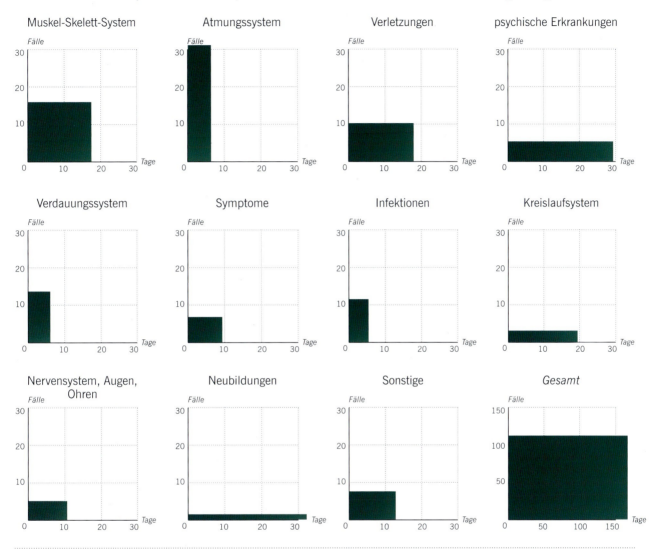

Quelle: DAK, Gesundheitsreport 2011, 2011

Das Umfeld kann die Gesundheit fördern

Im work:design versteht man Gesundheit aber nicht nur in der Veränderung von Verhalten oder dem Etablieren von Schulungen. Auch das Umfeld trägt maßgeblich zur Gesundheit der Menschen bei. Durch ganz einfache Eingriffe wie die Wahl des richtigen Lichts kann zum Beispiel ein Büro zu einer Wohlfühl-Tankstelle werden. So erzeugt auch das Licht in der neuen Boing 787 – dem Dreamliner – einen Anti-Jetlag-Effekt. Ähnliches will Philips in den Büros erreichen: Der holländische Elektrokonzern bietet mit DayWave ein optisch ansprechendes Beleuchtungssystem für Büros an, welches sich durch besondere visuelle Dynamik auszeichnet. Durch die Veränderung der Lichtfarbe über den Tagesverlauf wird der natürliche Biorhythmus der Mitarbeiter unterstützt. Wahlweise können diese auch direkt Einfluss auf die Lichtfarbe nehmen und diese entsprechend ihrer Stimmung und Aufgaben anpassen (www.lighting.philips.de). Überhaupt zählt das richtige Lichtkonzept zu einer enormen Quelle des Wohlbefindens, gerade wenn Räume offen und weitläufig sind. Denn als Benutzer von Räumen erleben wir Menschen diese durch unsere Sinne. Für das Erkennen von entfernten Objekten kommen Auge, Ohr und Nase zum Einsatz. Für die unmittelbare Nähe nutzen wir den Tastsinn. Die Umgebung richtig zu gestalten kann eine Entspannung der Sinne und eine Verbesserung des Wohlfühlklimas erzeugen.

Sportlich in die Zukunft

Den Boom der Fitness-Center im letzten Jahrzehnt haben wir deutlich vernommen. Nicht immer gehen Menschen dorthin, um „gesund" zu bleiben. Eher sind es Ziele wie „Schönheit" oder „Kraft" oder „Fitness". Doch immer häufiger haben vor allem große Unternehmen eigene Fitnessstudios oder bieten Kooperationen mit externen Kraft-Kammern an. Damit folgen die Unternehmen dem Gymnastik-Trend. In den kommenden Jahren werden wir ergänzend auch noch Yoga und andere Körperentspannungstrainings im Angebot der Unternehmen finden. Dass sich dies alles auch betriebswirtschaftlich rechnet, behauptet jedenfalls das Industrieunternehmen Lincoln Industries in Nebraska. Dort setzt man bereits seit vielen Jahren auf ein umfassendes ==Gesundheitsprogramm für alle Mitarbeiter==. In vierteljährlichen Checks werden die Mitarbeiter mit Medaillen ausgezeichnet. Jene mit Platinum-Auszeichnung werden auf Kosten der Firma auf einen dreitägigen Ausflug zur Besteigung eines Viertausenders in Colorado eingeladen. Trotz der Ausgaben zahlt sich das Fitness-Programm für Lincoln Industries aus. Laut eigenen Angaben sind die Mitarbeiter produktiver, motivierter und arbeiten sicherer.

Freiraum für den Geist

Der menschliche Geist ist ein Produkt seiner Umwelt. Im Wesentlichen spiegeln sich im Denken des Menschen die Einflüsse aus der Welt wider, die er gerade erlebt. Der Professor für Psychoneuroimmunologie, Joachim Bauer, meint dazu: „Die menschlichen Wahrnehmungskanäle sind voll von dem, was an akustischem und optischem Müll auf uns abgeladen wird. (...) Wir sollten – dies jedenfalls wäre die Konsequenz aus neurobiologischer Sicht – eine Wachsamkeit dafür entwickeln, welche Eindrücke wir an uns heranlassen, was uns persönlich gut tut und was nicht. Und wir sollten uns aktiver darum bemühen, mehr von dem zu sehen, mehr von dem zu erleben und mehr von dem zu tun, was wir persönlich für schön halten." Und: „Wir sollten nicht nur gegenüber Magen, Herz und Leber, sondern auch gegenüber unserem Gehirn ein Diätbewusstsein entwickeln, mental etwas mehr à la carte essen und nicht jedes Fast Food hinunterwürgen, das uns vorgesetzt wird." Dieser offen ausgesprochene Wunsch von Joachim Bauer scheint aber für immer mehr Menschen zur Schwierigkeit zu geraten. Die „Diät der Sinne" könnte schon verloren sein, wo ein Bürger durchschnittlich 10 Stunden Medienkonsum pro Tag erleidet (Quelle: Langzeitstudie Massenkommunikation 2010). Über 100.000 Wörter werden einem Menschen täglich in die Ohren gestopft. Das alles ist Futter für das Unterbewusstsein, das sowieso den größten Teil der Denkarbeit leistet und dem bewussten Teil des Denkens dann die Argumentation der Entscheidungen überlässt. Diese enorm vernetzte und mediale Gesellschaft erzeugt also einen Informationskomplex, der für den Einzelnen nicht mehr in der Reinform verarbeitbar ist. Aber die Frage bleibt: Wie könnte eine Zukunft aussehen, welche auch unserem Geist gut tut? Wo wir doch immer mehr Geistes-, Wissens- und Kreativarbeiter sein werden? Als Krankheit ist die Überforderung ja bereits etabliert und weiter oben schon mit dem Begriff des Burnout benannt. Darauf zu reagieren scheint der erste Schritt zu sein: E.ON Energie hat daher sein betriebliches Gesundheitsmanagement um das Themenfeld der psychischen Gesundheit erweitert. Das Unternehmen möchte gegen die Stigmatisierung psychisch Erkrankter vorgehen und zeigt in „Depressionsräumen", welcher Belastung diese Menschen ausgesetzt sind: In abgedunkelten Räumen bewegt man sich bleibeschwert durch tunnelartige Gänge und hört dabei negative Gedanken. Das ist aber nur der erste Schritt. Stressmessungen und Biofeedback-Analysen sollen die derzeitige Situation der Mitarbeiter darstellen. In der „operativen Phase" geht es dann um Prävention und Stressabbau. Die darin gewonnenen Erkenntnisse sollen helfen zu erkennen, welche Belastung die Umwelt für einen selbst hat.

Eine andere Möglichkeit besteht darin, die Menschen ganz gezielt in Phasen von Konzentration und Kontemplation zu führen. Dies ist die Basis für eine tiefergehende Regeneration. Viele Wissensarbeiter versuchen diese durch ausgedehnte Sabbaticals zu finden. Doch ohne Unterstützung und mit fast gleichbleibend vielen eintreffenden Eindrücken ist ==echte Regeneration== schwer zu erreichen. Einen echten Gegenpol scheint hingegen Peter Heindl gefunden zu haben. Mit einer auf den ersten Blick künstlerisch wirkenden Installation, bestehend aus einem Bild, einem Lehnsessel und einer Sound-Anlage, erzeugt er bei den Menschen einen Zustand tiefer Regeneration. Die Installation nennt er „Evokation", und der Hintergrund der Erfindung ist seine langjährige Erfahrung im Management und später als Berater. „Durch Stress können wir körperliche und geistige Höchstleistungen abrufen. Für Dauerstress ist unser Körper jedoch nicht geeignet, und wenn die Phase der Regeneration fehlt, kommt es zu physischer und seelischer Erschöpfung. Beginnende Kennzeichen sind Schlaf- und Konzentrationsstörungen. Fortschreitend tauchen Depressionen,

Für Dauerstress ist unser Körper nicht geeignet

DIE CHANCEN DES ALTERNS

Faktoren menschlicher Leistungsfähigkeit, die ...

... im Alter eher abnehmen

... im Alter eher konstant bleiben

... im Alter eher zunehmen

- » Muskelstärke/-kraft
- » Bewegungsgeschwindigkeit
- » Seh- und Hörvermögen
- » Geschwindigkeit der Informationsaufnahme
- » Reaktionsgeschwindigkeit
- » Dauer- und Höchstleistungsfähigkeit

- » Konzentrationsfähigkeit
- » Fähigkeit zur Informationsaufnahme und -verarbeitung
- » Sprachkompetenz und -wissen
- » Bearbeitung sprach- und wissensgebundener Aufgaben

- » Lebens- und Berufserfahrung
- » Berufliche Routine und Geübtheit
- » Verantwortungs- und Pflichtbewusstsein
- » Genauigkeit und Zuverlässigkeit
- » Fähigkeit zum Perspektivenwechsel
- » Fähigkeit zu einer realistischen Selbsteinschätzung
- » Beurteilungsvermögen

Quelle: BKK 12/2010, BAuA 2010

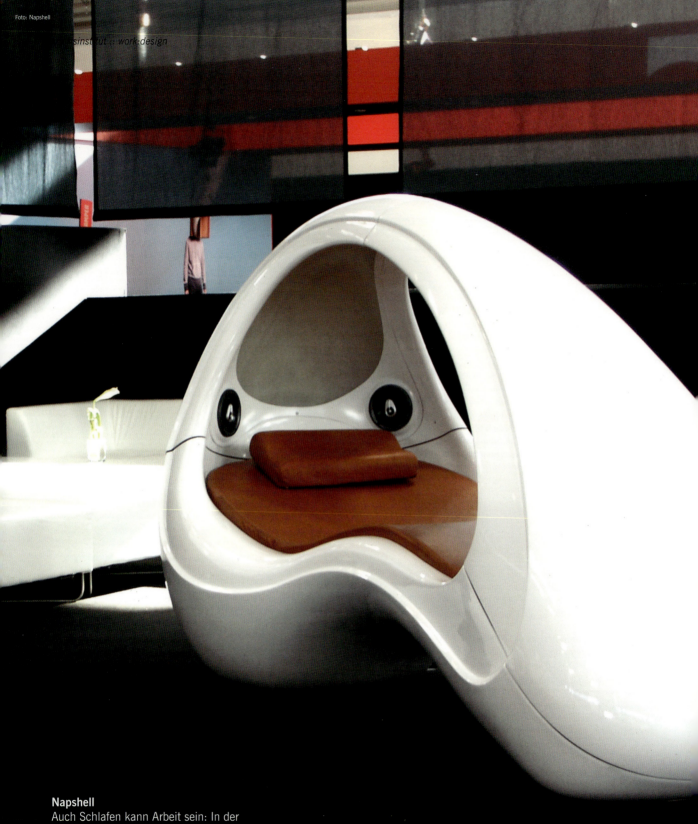

Napshell
Auch Schlafen kann Arbeit sein: In der Napshell finden Mitarbeiter den Rückzugsraum für einen Power-Nap. Darunter versteht man einen 10–30 minütigen Kurzschlaf. Müdigkeit, Gähnen und der Durchhänger nach dem Mittagessen können so überwunden werden. In der designten und ergonomisch optimierten Napshell kann man ungestört kreative und körperliche Energie tanken.
www.napshell.com

Tinnitus und das Burnout-Syndrom auf."
Die Behandlung mit dieser neuartigen Form von Installation soll dabei offensichtlich die Zellen im Menschen wieder ausrichten und nachhaltig Kraft erzeugen: „In dem Zustand der Regeneration erweckt sich das Gefühl der sogenannten inneren Kohärenz. Das Kohärenzgefühl ist das übergeordnete Steuerungsprinzip für ein erfolgreiches Stressmanagement. Menschen mit hohem Kohärenzgefühl sind eher in der Lage, Ressourcen zu mobilisieren und mit Stresszuständen souverän umzugehen. Sie nehmen Reize gar nicht mehr als Stressoren wahr."

Gesundheitskonzept: Erfahrung und Alter
Der gekonnte Umgang mit den Eindrücken aus der „Außenwelt" und deren Verarbeitung wird zum Teil des work:design-Gesundheitsprinzips. Gerade da es verstärkt in Richtung individueller Gestaltung des Arbeitsumfeldes geht, müssen Organisationen Ausgleichsmöglichkeiten und Rückzugsbereiche schaffen. Die mentale Diät wird zum notwendigen Alltag in der Zukunft. Immer öfter sollen deshalb kollektive Lösungen herhalten: Bei Volkswagen versucht man zurzeit, ==E-Mails nach der Arbeitszeit== und am Wochenende zu unterbinden, damit Mitarbeiter nicht permanent in die Versuchung des Arbeitens kommen. Lösungen wie diese werden jedoch nur eine Übergangslösung sein. Der private Account steht ja auch immer zur Verfügung. Selbstarbeiter, um bei diesem Bild zu bleiben, brauchen nicht kollektive Verordnungen. Zielführender ist eine Optionsvielfalt, die dem Individuum dabei hilft, die für sich richtige Strategie zu wählen. Ob mithilfe von technischen Einrichtungen, Rückzugszonen im Unternehmen oder durch die Unterstützung von anderen. Auch die generationsübergreifende Organisation der Arbeitswelt kann dabei helfen, Stress zu reduzieren. Denn im Alter nehmen zwar zum Beispiel Muskelstärke und Geschwindigkeit der Informationsaufnahme ab, andererseits steigen Lebens- und Berufserfahrung, die Fähigkeit zu einer realistischen Selbsteinschätzung und die Fähigkeit zum Perspektivenwechsel (BKK 12/2010).

Erfüllung für die Seele:
Im allgemeinen Sprachgebrauch taucht das Wort Glück nicht unmittelbar in Verbindung mit Gesundheit auf. Doch mittlerweile zeigen uns viele Untersuchungen, dass Glück einen wesentlichen Beitrag zur Gesundheit von Menschen leistet. Glückliche Menschen fühlen sich gesünder, sind ausgeglichener und erleben ihre Umwelt positiver. Man könnte demnach auch von einer Glücksgesundheit sprechen, die es in

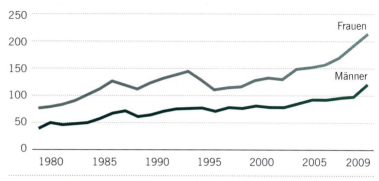

VOM KÖRPER ZU PSYCHISCHEN THEMEN
Zunahme der psychischen Störungen (Arbeitsunfähigkeitstage)

Quelle: BKK, 2010; Basis: je 100 Pflichtmitglieder, Deutschland (bis 1990 nur alte Bundesländer)

Zukunft zu organisieren gilt. Um dies zu erreichen, brauchen Menschen ein tieferes Verständnis für das, was sie tun. Sinn ist eine deutliche neue Dimension in der Arbeitswelt; wenn auch die Theorie darüber längst bekannt ist. Offensichtlich gelingt es Unternehmen in den wenigsten Fällen, tatsächlich zu vermitteln, weshalb Arbeit in ausgerechnet diesem Unternehmen Sinn erzeugt. Zur Erinnerung: 87% der Beschäftigten haben keine tiefere emotionale Verbindung zu dem Unternehmen, in dem sie arbeiten. Ohne eine Bindung, ohne ein tieferes Verständnis für das große Ganze. Nicht umsonst fordert Daniel Pink in „Drive" auf, schon den Schülern immer auch das „Big Picture" zu erklären. „Schüler haben meistens keine Ahnung, weshalb sie etwas lernen sollen." Für die Zukunft gilt es, ein echtes work:design für ==intrinsische Motivation== in Unternehmen zu etablieren. Daniel Pink zitiert dazu Clay Shirky, Internet-Guru und Autor (www.shirky.com). Die erfolgreichsten Webseiten und Foren seien so aufgebaut, dass sie Menschen zu Beteiligten machen. Dies gelingt in drei Schritten: 1.) Baue eine Umgebung, in der Menschen sich wohlfühlen und sich gern beteiligen, 2.) gib den Usern Autonomie und 3.) halte das System so offen wie möglich. „Was für den Cyberspace gilt, gilt auch für die physische Welt", meint Pink dazu, und weiter: „How does the built environment of your workplace promote or inhibit autonomy, mastery, and purpose?"

Autonomie, Meisterhaftigkeit und Sinn fordert Pink, wenn er von einer Arbeitsumgebung des 21. Jahrhunderts spricht. Um dies zu erzeugen, braucht es Offenheit und eine Kultur, in der Individuen ihren eigenen Stil ausleben dürfen. Ja, ihren eigenen Stil sogar finden dürfen – was im Kapitel zur Coaching-Kultur ausführlich beschrieben wird.

Glückliche Menschen fühlen sich gesünder, sind ausgeglichener und erleben ihre Umwelt positiver

FUTURE FACTS:

» ***Die Arbeitskomplexität schlägt auf die Gesundheit***: *Seit dem Wechsel ins neue Jahrtausend sind die Fehltage aufgrund psychischer Erkrankungen um 80% gestiegen.*

» ***Arbeit ist längst ein soziales Umfeld geworden***: *Im Vergleich zu Menschen in Beschäftigung werden an Arbeitslose fast doppelt so häufig Psychopharmaka verschrieben.*

» ***Corporate Health braucht auch gesunde Ernährung***: *Jährlich werden etwa 1,5 Milliarden Hauptmahlzeiten in deutschen Kantinen zubereitet.*

» ***Den Sinn in der Tätigkeit zu sehen ist Voraussetzung für Gesundheit***: *87% der Beschäftigten haben keine tiefere emotionale Verbindung zu dem Unternehmen, in dem sie arbeiten.*

Alle Daten aus diesem Kapitel.

Arbeitsblatt

Wie steht es um die Gesundheit der Menschen in Ihrem Unternehmen?
Könnten Sie selbst mehr auf Ihre Gesundheit im Job achten? Was könnte das Unternehmen für seine Mitarbeiter tun? Nehmen Sie sich hier einige Minuten Zeit, um erste Ideen zu notieren.

Tragen Sie in der ersten Spalte ein, welche Maßnahmen Sie sofort für sich selbst als Quick Wins in den jeweiligen Bereichen umsetzen könnten. Beispiel Bewegung: Drucker weiter wegstellen (dann bewege ich mich automatisch mehr).

In der nächsten Spalte geht es um Ideen, was das Unternehmen umsetzen/einführen/ berücksichtigen könnte. Beispiel Wohlbefinden: gemütliche Chill-Out-Bereiche einrichten.

Zuletzt bewerten Sie bitte, wie wichtig Ihnen die einzelnen Bereiche sind. Möchten Sie unbedingt, dass sich im Bereich Ernährung etwas ändert, dann kreuzen Sie alle drei Felder an.

CRASHKURS:

Nehmen Sie einen der Quick Wins und fangen Sie heute damit an.

futureworks:
Trends erkennen. Zukunft machen.

Arbeitsblatt

	Was kann ich tun?	Was kann das Unternehmen tun?	Ranking
Ernährung			○ ○ ○
Bewegung			○ ○ ○
Selbst-verwirklichung			○ ○ ○
Umgang mit Stress			○ ○ ○
Raumgestaltung			○ ○ ○
Wohlbefinden			○ ○ ○
			○ ○ ○
			○ ○ ○
			○ ○ ○

KAPITEL #8

Durch Coaching zum persönlichen Workstyle

Die Coaching-Kultur geht mit work:design in die zweite Runde

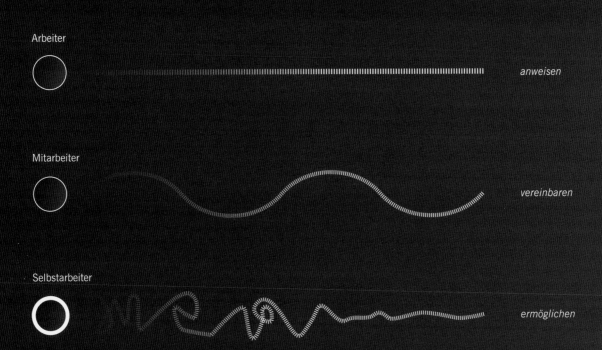

Selbstentfaltung klingt heute eher wie eine private Aufgabe. Für die Zukunft wird dies jedoch Teil des Arbeitslebens. Damit entsteht erneut mehr Bedarf an Coaching und Begleitung.

Durch Coaching zum persönlichen Workstyle

Selbstfindung und -verwirklichung ist längst nicht mehr nur Privatsache. Immer mehr Menschen begeben sich auf die Suche nach einem „individuellen, einzigartigen" Workstyle, der permanent ausgehandelt, optimiert und re-designed wird. Dieser Wandlungsprozess fällt dem einen leichter, dem anderen schwerer. Doch eines ist klar: „Business as usual" steht der Sinnsuche in Sachen work:design konträr gegenüber. Die Workforce wird zu lebenslangem Lernen motiviert, doch die reine Investition in klassische Weiterbildungsmaßnahmen reicht bei Weitem nicht aus, um hochqualifizierte Mitarbeiter ans Unternehmen zu binden. Es gilt in die Menschen und ihre Talente zu investieren. Markus Hengstschläger, Professor für medizinische Genetik, macht dies in seinem Buch „Die Durchschnitts-Falle" unmissverständlich klar: „Jeder Mensch hat mehrere Talente, jeder", und weiter: „Man verschwendet Talente, wenn man sich nur mit der Reproduktion von Bekanntem beschäftigt, ohne kreativ Neues dabei zu schaffen." Als Aufforderung ergänzt er sogar: „Es muss ‚in', ‚cool', ‚erstrebenswert' werden, anders zu sein und hart und viel an der Perfektionierung einer Sache zu arbeiten, damit ein kumulativer Flow-Zustand in unserer Gesellschaft entstehen kann, der uns zukunftsfähig macht." Letztlich sieht er die „Individualität als Schlüssel zum Erfolg". Dies bedeutet für Unternehmen, hart an der Entwicklung von Individuen und Talenten zu arbeiten: wahrscheinlich härter als je zuvor. Beim Chip-Hersteller Intel werden neue Talente mit folgendem Satz begrüßt: ‚Welcome to your next five jobs'. Das Unternehmen wendet eine Art Rotationsprinzip an, bei dem Mitarbeiter alle 18 bis 24 Monate ihre Position wechseln können, um sich neuen Herausforderungen zu stellen und Erfahrungen machen können, um ihr Wissen zu erweitern und zu lernen, was ihnen am besten liegt (www.intel.com).

Zukunftsfähige Unternehmen müssen, wenn sie ihre Mitarbeiter halten möchten, eine Coaching-Kultur implementieren, die es dem Einzelnen ermöglicht, seine Potenziale zu entdecken, Talente zu fördern und Orientierung zu geben. Eine erfolgreiche Coaching-Kultur schafft es, die Karriere- und Laufbahnwünsche mit den individuellen Bedürfnislagen zu vereinbaren. Unternehmen werden zu Talentschmieden, die aus Rohdiamanten strahlende Edelsteine machen. Coaching ist hierbei nicht als Revolution im work:design zu sehen, die plötzlich alle alten Strukturen auf den Kopf stellt, sondern ein langfristiger Evolutionsprozess, um die Unternehmenskultur zu optimieren und vorhandene Ressourcen zu nutzen, ohne bei Null anzufangen. Hengstschläger abschließend: „Niemand kennt die Probleme von morgen, und daher bietet die Förderung höchstmöglicher Individualität den besten Ansatz, vorbereitet zu sein."

Der Chef wird zum Life-Coach

Alle reden von Soft Skills. Das ist inzwischen auch in der Chefetage angekommen. Wir leben längst nicht mehr in Zeiten der Pflichterfüllung und des Hierarchiegehorsams, was diese Studie immer wieder zeigt. Führungspersönlichkeiten müssen in Zukunft die Mitarbeiter in ihren Bedürfnissen begleiten. Sie sollten lernen, nicht mehr ausschließlich das zu sehen, was die Mitarbeiter arbeiten und leisten, und sie auch nicht mehr nur über deren Jobbezeichnung definieren; sondern die Persönlichkeit des Menschen im Job kennenlernen und sich klarmachen, dass dieser Mensch mehr kann und weitere Talente hat – über seinen Job hinaus.

Wo Arbeit zu losen „Communitys of Projects" mutiert, werden Führungskräfte zu Life-Coaches

Wie wichtig ein positives Betriebsklima mit motivierten Mitarbeitern für die Produktivität eines Unternehmens ist, belegen unzählige Untersuchungen. Doch leider liefern diese Studien in den seltensten Fällen konkrete Handlungsanweisungen für die Führungsriege. Denn vielen Managern ist nicht klar, wie sie das vorhandene Wissen in die tägliche Praxis übersetzen und konkret anwenden können. Nachwuchsführungskräften werden diese Kompetenzen inzwischen bereits häufig im Studium mit auf den Weg ins Unternehmen gegeben.

Wo Arbeit zu losen Communitys of Projects mutiert, werden Führungskräfte zu Life-Coaches: sie zeigen Empathie, geben Orientierung, sind Vernetzungskünstler und wecken Leidenschaften. Doch wer Leidenschaften weckt, läuft auch Gefahr, Macht einzubüßen und sich als Chef in Frage stellen zu lassen. Viele Top-Manager, die noch mit Hierarchiestrukturen „groß geworden" sind, haben regelrechte Angst vor Machtverlusten. „Wer erfolgreich sein will, braucht Leute mit einem gesunden Mangel an Respekt – Mitarbeiter, die sich nicht scheuen, ihre Ansichten und Gefühle offen zum Ausdruck zu bringen, die sich auf einen aktiven Schlagabtausch einlassen", sagt Manfred Kets de Vries, Professor für Leadership an der französischen Kaderschmiede INSEAD („Chefs auf die Couch", Interview mit Kets des Vries, Harvard Business Manager).

Vineet Nayar, CEO beim indischen IT-Dienstleister HCL Technologies, stellt seine Mitarbeiter und ihre Kompetenzen in den Mittelpunkt: „Employees first, customers second", heißt seine Devise, die er in seinem gleichnamigen Buch beschreibt. Dass Manager auch nur Menschen sind und keine Multi-Talente, verdeutlicht er, indem er Mitarbeiterveranstaltungen mit einem Bollywood-Tanz beginnt. „Aus dem Munde eines verschwitzten Mannes, der gerade allen bewiesen hat, dass er nicht tanzen kann, klangen meine Worte natürlich anders, als wenn ich sie in Herrschermanier vom Podium aus an die Teilnehmer gerichtet hätte", erklärt der CEO. Mit einem einfachen Ritual bekräftigt er die Gleichberechtigung aller Mitarbeiter und stellt (vor-)bildlich die Hierarchie im Unternehmen auf den Kopf – glaubwürdig und transparent. Durch diese Veränderungen in der Führungskultur ist HCL heute eines der größten und erfolgreichsten IT-Unternehmen weltweit (Vineet Nayar: Employees First, Customers Second).

Die aktuelle Untersuchung „Lessons for Leaders from the People Who Matter" der Talentmanagement-Firma DDI zeigt momentan aber noch ein großes Defizit an Coaching-Vermögen seitens der Chefetage: Führungskräfte würden ihren Mitarbeitern wenig Empathie entgegenbringen und hätten generell schlechte Führungsqualitäten, ergab die Befragung von über 1.250 Vollzeitangestellten weltweit (USA, UK, Australien, Kanada, China, Indien, Deutschland und Südostasien). 60% der Befragten geben sogar an, der Chef verletze ab und an oder sogar häufig ihr Selbstbewusstsein. „Workers report that managers fail to ask for their ideas and input, are poor at work related conversations and do not provide sufficient feedback on their performance, so it's no wonder employee engagement levels are low", erklärt Simon Mitchells, Direktor von DDI UK, das Dilemma (www.hrmagazine.co.uk).

Grundlage dieser Dissonanzen zwischen Arbeitnehmern und der Führungsebene ist eine krasse Fehleinschätzung ihrer Kompetenzen seitens der Manager: Schlechte Führungsleistung gehe häufig mit einer Überschätzung der eigenen intellektuellen und sozialen Fähigkeiten einher, belegt eine Studie von David Dunning von der Cornell University.

Einfach nur mal zuhören – und dem Mitarbeiter das Gefühl geben, er ist wichtig. Das praktiziert CEO Jeffrey Katzenberger von Dreamworks Animation sehr erfolgreich. Das Studio animiert nicht nur Trickfilme, sondern auch seine Mitarbeiter. Katzenberger legt großen Wert auf eine persönliche

60% der Befragten geben an, der Chef verletze ab und an oder sogar häufig ihr Selbstbewusstsein

SINNSUCHE

Wer seinen Arbeitsplatz gesichert weiß, geht auf Sinnsuche.
Anforderungen an gute Arbeit aus Sicht der Erwerbstätigen in Deutschland

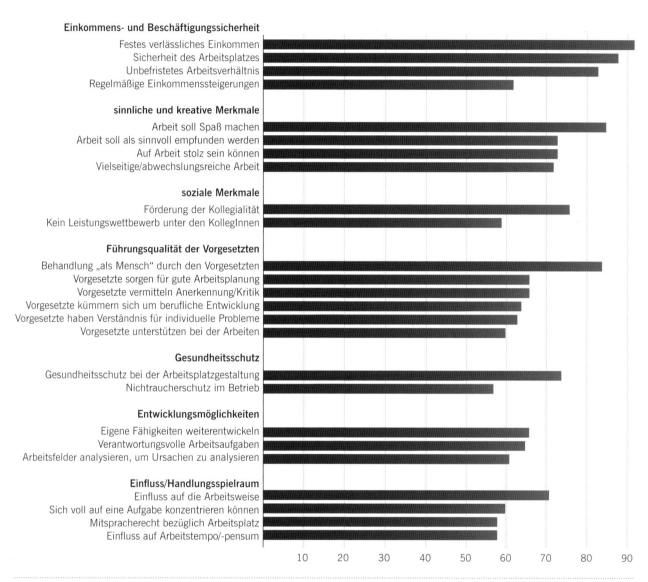

Quelle: Was ist gute Arbeit? Anforderungen aus Sicht von Erwerbstätigen, INQA-Bericht 19, 2008

Beziehung zu allen Mitarbeitern und eine familiäre Atmosphäre im Unternehmen. „Er vermittelt das Gefühl, im Unternehmen arbeiteten 200 Mitarbeiter, nicht 2.000", drückt es ein Mitarbeiter treffend aus (www.dreamworksanimation.com).

Um die Mitarbeiter optimal im Life-Coaching-Prozess zu unterstützen, empfiehlt der Berater, Managementautor und Professor in Stanford Robert Sutton Führungskräften, folgende Punkte zu beherzigen: Liefern Sie psychologische Sicherheit, indem Mitarbeiter auch mal spinnen, verrückte Ideen vorbringen und sich inspirieren lassen dürfen – und das alles im sicheren Rahmen des Unternehmens. Schirmen Sie Ihre Mitarbeiter ab und schützen Sie sie vor emotionalen Belastungen – und somit auch vor Unzufriedenheit und Burnout.

Bringen Sie Ihren Mitarbeitern Wertschätzung entgegen und zeigen Sie kleine Gesten der Anerkennung. Das Wort Dankeschön wirkt manchmal schon Wunder. (Robert Sutton: Good Boss, Bad Boss. How to Be the Best... and Learn from the Worst)

| *Das Wort Dankeschön wirkt manchmal schon Wunder*

Den Beruf zur Berufung machen
Die Verschmelzung von Privatem und Beruflichem zeigt eines ganz klar: Egal welcher Tätigkeit der Mensch nachgeht, sie wird ein Teil seiner Identität. Der Mensch ist auf der Suche nach sich, auf der Suche nach Glück, Selbstverwirklichung und Erfolg. Interessant ist dabei, dass wir uns aus der pathologischen Kurzsichtigkeit, die uns bisher hat funktionieren lassen (wie es der Schweizer Philosoph Alain de Botton nennt), befreien und auf eine unermüdliche Sinnsuche gehen. Der Arbeiter der Zukunft entwickelt Leidenschaften, die wir bisher nur von Künstlern, Wissenschaftlern oder Sportlern kannten. Der Beruf wird zur Berufung; und wir brauchen nicht selten Unterstützung bei diesem Prozess vom Pflichterfüller zum Kreativarbeiter.

Finanzielle Anreize spielen bei der Mitarbeitermotivation nur eine geringfügige Rolle. Psychologen haben sogar festgestellt: Geld macht leidenschaftslos! Motivation muss von innen kommen, und Geld setzt den Fokus zu stark auf die äußere Belohnung. Der Spaß, die Leidenschaft geht flöten. Arbeit muss interessieren, faszinieren und inspirieren. Die klassische Anreizlogik der Old Economy funktioniert nicht mehr. Autonomie, Kompetenz und soziale Eingebundenheit sind wichtige Faktoren, die Mitarbeiter motivieren, haben die US-Psychologen Edward Deci und Richard Ryan in ihrer „Selbstbestimmungstheorie der Motivation" herausgefunden. Sogar kleine Aufmerksamkeiten in Form von persönlichen Geschenken führen zu einem höheren Motivationsschub als eine Gehaltserhöhung. Ein leidenschaftlicher Mitarbeiter steckt Rückschläge leichter weg und fordert nicht nach jeder überwundenen Hürde eine weitere Bonuszahlung. „Gefühlte 50% der Studierenden steigen aus dem Spiel um mehr aus", schätzt Sören Buschmann von den Personalberatern Strametz International. Dabei gehe es nicht mehr in erster Linie um Gewinnmaximierung und die eigene Optimierung, sondern um die Suche nach Sinn, bestätigt auch Martina Pitterle (Recruiting-Chefin Accenture Österreich). Boni für hervorragende Leistungen von Kollegen auszahlen zu lassen statt vom Chef, wie es beispielsweise die Beratungsfirma Kimley-Horn & Associates praktiziert, ist nur ein halbherziger Schritt und fördert eher das Konkurrenzdenken untereinander statt der Kollaboration.

Sinnsuche und -findung findet häufig durch eine Auszeit statt. Raus aus dem Alltagstrott, rein in ein gemeinnütziges Projekt. Accenture gilt nicht nur weltweit als fortschrittliches Unternehmen, was die Frauenquote im Management angeht (fünf von 23 Managern sind weiblich), sondern auch im Hinblick auf Volunteering-Programme zur Selbstverwirklichung und Neuorientierung des Einzelnen. Bei voller Lohnfortzahlung können die Mitarbeiter bis zu zwölf Monate lang an einem Entwicklungsprojekt teilnehmen (www.accenture.com).

„Nur glückliche Mitarbeiter sorgen für zufriedene Kunden", tönt Jim Goodnight, Chef des seit Jahren ganz weit oben auf der Bestenliste der Top-Arbeitgeber der USA vertretenen Software-Konzerns SAS Institute. Dabei bietet das Unternehmen nur durchschnittliche Gehälter. Aber eine Unmenge an Zusatzleistungen, von denen sich sogar die Google-Gründer für ihre Unternehmenskultur haben inspirieren lassen. Der SAS-Campus in North Carolina bietet unzählige Freizeiteinrichtungen vom Fußballplatz über den Swimmingpool bis zum Beauty-Center, Montessori-Kindergarten und Vorschule sowie eine interne Gesundheitsklinik. Zudem unbegrenzte Krankheitstage und die Möglichkeit zum Home-Office. Die Mitarbeiter können diese Angebote nutzen, müssen aber nicht. Und sind zufrieden: Jährlich verlassen nur 3% das Unternehmen, der Schnitt bei anderen Softwarefirmen liegt bei 15 bis 20% im Jahr (www.sas.com).

Das Unternehmen sind wir!
Mitarbeiter in den Mittelpunkt des Unternehmens zu stellen bedeutet auch, ihnen Selbstverantwortung und Eigeninitiative zuzusprechen. Zeitliche Freiräume von bis zu 20% der Arbeitszeit, um eigene Projekte an den Start zu bringen, Ergebnisverantwortung statt Anwesenheitspflicht – und viel

DER INDIVIDUELLE WORKSTYLE

Der Job als wichtiger Bestandteil unseres Lebens

Angenommen, Sie würden so viel Geld erben, dass Sie nicht mehr arbeiten bräuchten, würden Sie Ihrer Arbeit dann weiterhin nachgehen?

Quelle: Gallup Engagement Index Deutschland, 2010

Mentoring
Ein Coaching-Prinzip, das sich immer mehr durchsetzt, ist das Mentoring. Erfahrene Mitarbeiter oder Führungskräfte helfen dabei, sich im Job und im eigenen Leben besser zurechtzufinden. Auch eine neue Form, das Reverse-Mentoring, setzt sich langsam durch. Dabei lernen „die Alten" von jungen Menschen zum Beispiel den Umgang mit neuen Technologien und Medien. Der US-Konzern Time Warner setzt dies nun schon im dritten Jahr erfolgreich ein.

Durch Coaching zum persönlichen Workstyle

Zukunftsinstitut :: work:design

DIE KREATIVE ERFOLGSLOGIK

Ging man bisher von der industriellen Erfolgslogik aus, so muss man in Zukunft vermehrt in kreativen Erfolgsprinzipien denken

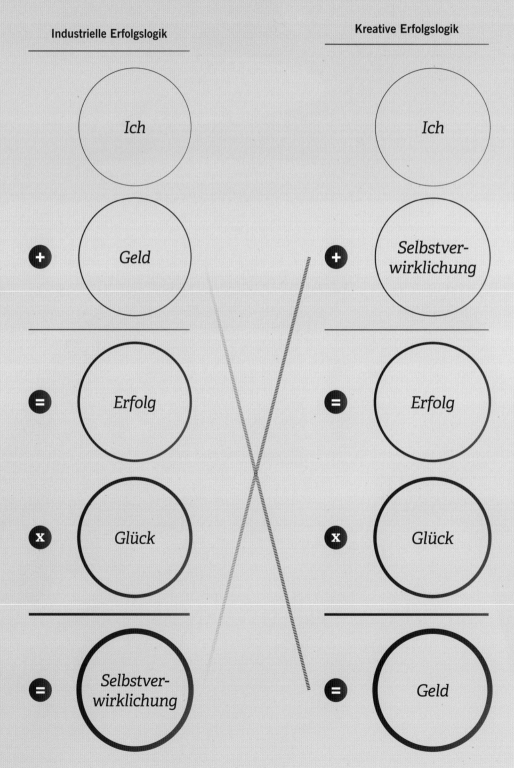

Quelle: Zukunftsinstitut

Spielraum, um Kunden auch auf ungewöhnliche Weise zu erreichen, stellen alte Hierarchiemuster auf den Kopf. Trotz fortschreitender Flexibilisierung und Volatilität der Arbeitssituationen gilt es, Mitarbeitern Identifikationsmöglichkeiten und Anknüpfungspunkte an die Unternehmenskultur zu bieten. „Wenn Sie die richtige Kultur hinbekommen, regeln sich die meisten anderen Themen von selbst", ist Tony Hsieh, CEO des Vorzeigeunternehmens Zappos, überzeugt. Und ganz nebenbei werden in dieser gewonnenen Freiheit neue Ideen entstehen.

Die US-Fluglinie Southwest Airlines beweist seit Jahren, wie Mitarbeiter motiviert werden können. 80% ihrer Arbeitszeit verbringen Manager im Unternehmen damit, Leidenschaften ihrer Mitarbeiter zu fördern und sicherzustellen, dass jeder mit seiner Arbeit, mit sich selbst und seiner Position im Unternehmen glücklich ist. Denn eines hat Colleen Barrett, ehemalige Präsidentin von Southwest, erkannt und auch im Ratgeber „Lead with LUV: A Different Way to Create Real Success" niedergeschrieben: Mitarbeiter, die sich im Unternehmen wohlfühlen, geben diese positive Stimmung und die Freude an ihrem Job auch an die Kunden weiter. Bestes Beispiel: Der Flugbegleiter David Holmes, der für sein Leben gerne rappt und die meist langweilige Vorstellung der Sicherheitsinstruktionen im Flieger in einen originellen Rap-Song verpackt hat.

Können Sie sich ein Unternehmen vorstellen, in dem es keine Chefs gibt? In dem alle Mitarbeiter als gleichwertige Associates akzeptiert werden? Flache Hierarchien, funktionierende Netzwerkstrukturen und ein hohes Maß an Selbstverantwortung zeichnen den Erfinder von Goretex, W.L. Gore & Associates, seit Jahren als fortschrittlichen Arbeitgeber aus. Jeder Mitarbeiter hat einen persönlichen Betreuer, der ihm in Projekten mit Rat und Tat zur Seite steht. „In den letzten zehn Jahren bin ich in Rollen hineingewachsen, die zuvor gar nicht existiert hatten. Sie passten einfach zu meinen individuellen Stärken und deckten sich mit den Bedürfnissen des Unternehmens", beschreibt ein Mitarbeiter seine Entwicklung. Die Förderung von individuellen Talenten trägt hierbei maßgeblich zur ständigen Weiterentwicklung des gesamten Unternehmens bei.

Zappos, ein Online-Schuh- und Bekleidungshändler, ist auf dem besten Wege zu einer zukunftsweisenden Coaching-Kultur. Permanente Veränderung wird gefordert, den Mitarbeitern wird Leidenschaft und Selbstverantwortung kombiniert mit Bescheidenheit abverlangt. Dafür wird ein Vollzeit-Life-Coach bei Zappos eingesetzt: Augusta Scott, einst für die telefonische Kundenbetreuung verantwortlich, hat nun ein offenes Ohr für alle Wünsche und Probleme. Jeder Mitarbeiter darf sich bei einem 30-Tage-Lebensziel von ihr begleiten lassen. Die häufigsten Coaching-Ziele sind Karriereentwicklung, Gewichtsverlust und das Managen der persönlichen Finanzen. Im vergangenen Jahr wurde zudem der Zfrog Award eingeführt, bei dem Mitarbeiter neue Businessideen vorstellen konnten, sowie Yoga-Lach-Kurse. Verrückt, meinen Sie? Dann hat Zappos alles richtig gemacht: Ein wenig Spinnerei zählt zu den Unternehmensgrundsätzen. Und mit zufriedenen, leidenschaftlichen Mitarbeitern lässt sich auch ein Hacking-Angriff wie 2011 glimpflich verkraften.

Selbstbewusstes Kommunizieren
Netzwerken, geschäftliche Beziehungen anzulegen und erfolgreich zu pflegen, ist nicht nur ein entscheidender Faktor in der externen Kommunikation, sondern wird zunehmend wichtiger für interne Unternehmensprozesse. Netzwerke sind die Voraussetzung für eine hohe Mitarbeiterbindung ans Unternehmen. Unter dem Buzzword Enterprise 2.0 wird momentan rege diskutiert, wie die interne Vernetzung mit technischen Mitteln optimiert werden kann. Kollaborations-, E-Learning-Plattformen oder Video-Conferencing sollen Kommunikationsabläufe und Weiterbildungsmöglichkeiten vereinfachen, transparenter und effizienter machen. Doch was nutzen all diese technischen Tools, wenn die menschliche Software nicht installiert ist?

Im Büro der Zukunft muss die persönliche Kommunikationskompetenz gefördert und ein Kommunikations-Netzwerk geschaffen werden. Einzelne Personen aus verschiedenen Bereichen des Unternehmens werden zu emotionalen Schnittstellen. Aufgabe dieser Empathie-Coaches ist es, verschiedene Blickwinkel der Kollegen einzunehmen und zuzulassen, Beweggründe für das Verhalten anderer Menschen zu verstehen und positive wie auch negative Emotionen zu managen. Es gilt, während der Arbeitszeit Möglichkeiten und Räume einzurichten, um

> *In den letzten zehn Jahren bin ich in Rollen hineingewachsen, die zuvor gar nicht existiert hatten*

Gespräche und Begegnungen stattfinden zu lassen. Erst dann kann eine optimale Mitarbeiterbindung – gerade auch hochqualifizierter Millenials – ans Unternehmen gewährleistet werden. Der Empathie-Coach bricht festgefahrene Denkmuster auf, wirft stereotype Vorstellungen über Bord, um den Blick zu öffnen für Neues. Doch dafür muss das Unternehmen erst mal wissen, wie diese mit dem Internet groß gewordene Generation tickt. Was sind ihre Vorstellungen von Leben und Arbeiten?

Das RheinauArtOffice in Köln ermöglicht den Mitarbeitern von Microsoft Deutschland und deren Partnerunternehmen optimales vernetztes Arbeiten. Die Architektur des Partner-Campus schafft eine offene Arbeitsatmosphäre, bietet einfache Kontaktschnittstellen und kurze Wege sowie die Möglichkeit zu gemeinsamen Freizeitaktivitäten. Die technische Ausstattung ist dem Ausdruck Enterprise 2.0 würdig und vernetzt die „Bewohner" der Microsoft-WG unabhängig von ihrem Arbeitsplatz.

In Zeiten von E-Learning, Online-Konferenzen und E-Mail-Flut setzt W.L. Gore & Associates zudem besonders auf den zwischenmenschlichen Austausch, auf Face-to-Face-Kommunikationen und gemeinsame Aktivitäten der Mitarbeiter. In einem Betrieb dürfen maximal 200 Mitarbeiter arbeiten, um einen optimalen Kommunikationsfluss und ein familiäres Gemeinschaftsgefühl zu gewährleisten. Die einzelnen Niederlassungen werden „Plants" genannt, die sich wie Zellen im lebenden Organismus teilen, wenn sie eine gewisse Größe erreicht haben. So entstehen Cluster, die mit zahlreichen Möglichkeiten an Freizeitaktivitäten ausgestattet sind.

Du hast Lust, ein Meeting einzuberufen? Dann tu das doch einfach! Die Freiwilligen-Meeting-Kultur beim brasilianischen Industrieunternehmen Semco macht's möglich. Jeder kann zum Meeting kommen, keiner muss. Und wer sich langweilt, kann auch jederzeit den Meeting-Raum verlassen. Denn nur wer interessiert teilnimmt, trägt zum produktiven Wissensaustausch bei, davon ist CEO Ricardo Semler überzeugt.

Die Fähigkeit, Leidenschaften zu entfachen, wird in Zukunft gute von schlechten Chefs unterscheiden.

Durch Coaching zum persönlichen Workstyle

Oticon
Bei Oticon in Kopenhagen, einem führenden Hersteller von Hörgeräten, will man die klügsten Köpfe für sich gewinnen und halten. Deswegen werden Prinzipen aus dem Coaching sogar in Architektur übersetzt: In dem gezeigten Meetingraum gilt der rote Stuhl als „heißer Stuhl"; wer darauf sitzt, muss Rede und Antwort stehen. Ein dunkelgrauer Stuhl gilt als „neutraler Beobachterplatz".

FUTURE FACTS:

» **Neue Unabhängigkeit, wachsender Unternehmergeist**: *In den letzten fünfzehn Jahren ist die Anzahl der Selbständigen in Deutschland um 27% gewachsen.*

» **Kluge Köpfe werden Mangelware**: *29% der deutschen Unternehmen haben Schwierigkeiten bei der Stellenbesetzung.*

» **Coaching als Führungskultur kann erfolgreich sein**: *80% ihrer Arbeitszeit verbringen Manager bei Southwest Airlines damit, Leidenschaften ihrer Mitarbeiter zu fördern.*

» **Ein verständnisvoller Führungsstil hat sich noch nicht durchgesetzt**: *60% der Angestellten in den USA geben an, der Chef verletze ab und an oder sogar häufig ihr Selbstbewusstsein.*

Alle Daten aus diesem Kapitel.

Arbeitsblatt

Wie steht es um Ihre Kompetenzen als Life Coach im Unternehmen? Erkennen Sie die Talente Ihrer Kollegen/Vorgesetzten/Mitarbeiter und können diese vielleicht noch fördern? Dieser Quick-Check soll Ihnen zeigen, wo Sie derzeit stehen, und Ihnen damit eine Basis zur zukünftigen Weiterentwicklung Ihrer Soft Skills schaffen.

Markieren Sie auf den acht Achsen, wie stark die jeweilige Fähigkeit bei Ihnen ausgeprägt ist. Überlegen Sie nicht lange, sondern folgen Sie dabei Ihrem ersten Impuls.

Verbinden Sie anschließend die Markierungen der nebeneinander liegenden Achsen, damit sich eine gut sichtbare Fläche aufspannt.

Bestimmen Sie nun für sich drei Fähigkeiten, die Sie zukünftig gezielter entwickeln oder berücksichtigen wollen, indem Sie diese einkreisen.

CRASHKURS:

Suchen Sie sich in Ihrem Wachstum einen Mentor in Ihrem Unternehmen, der Sie unterstützt.

Beispiel:

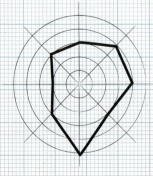

futureworks:
Trends erkennen. Zukunft machen.

Arbeitsblatt

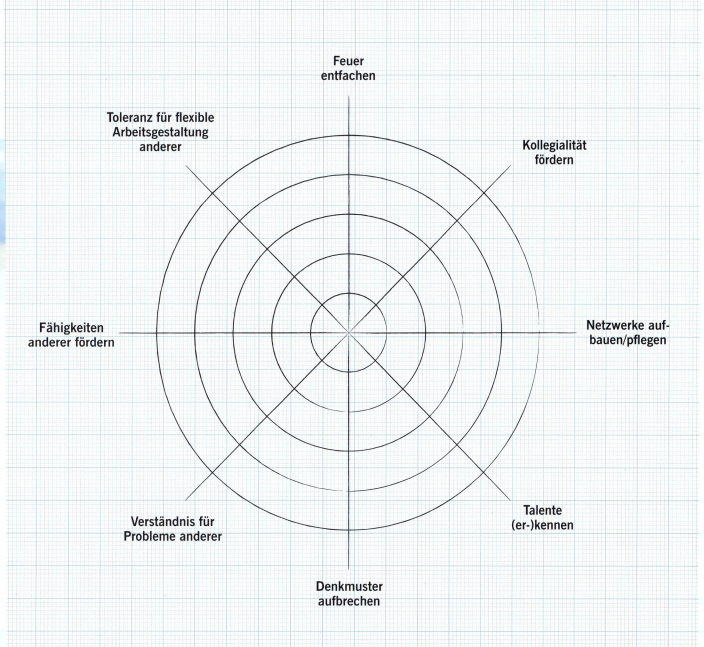

Zukunftsinstitut :: work:design

work:design

work:design beschreibt in acht Kapiteln die Arbeitswelt von morgen, und wie man diese für sich gestalten kann. Mit der Freiheit an Möglichkeiten wachsen jedoch auch die Herausforderungen für das Individuum und die Unternehmen. Als letztes Arbeitsblatt wollen wir Ihnen daher eine Übersicht bieten, die wir schon mit Bildern und Begriffen bestückt haben. Ergänzen Sie diese nach eigenem Ermessen um Bilder, Begriffe oder Aufgaben, welche für Sie persönlich die Arbeitswelt der Zukunft am besten beschreiben. Als Schaubild oder als Orientierung für die eigene Zukunft. Viel Erfolg beim Gestalten Ihrer persönlichen Arbeitswelt!

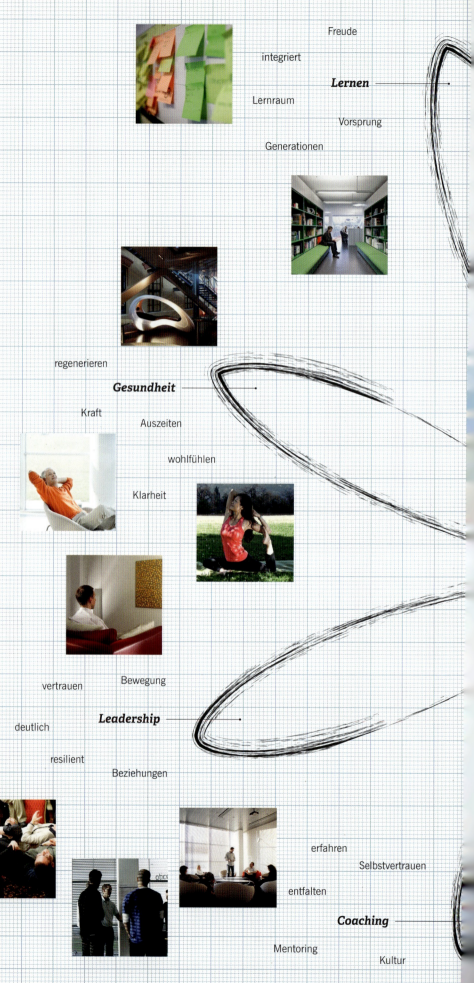

Freude
integriert
Lernen
Lernraum
Vorsprung
Generationen

regenerieren
Gesundheit
Kraft
Auszeiten
wohlfühlen
Klarheit

vertrauen
Bewegung
Leadership
deutlich
resilient
Beziehungen

erfahren
Selbstvertrauen
entfalten
Coaching
Mentoring
Kultur

108

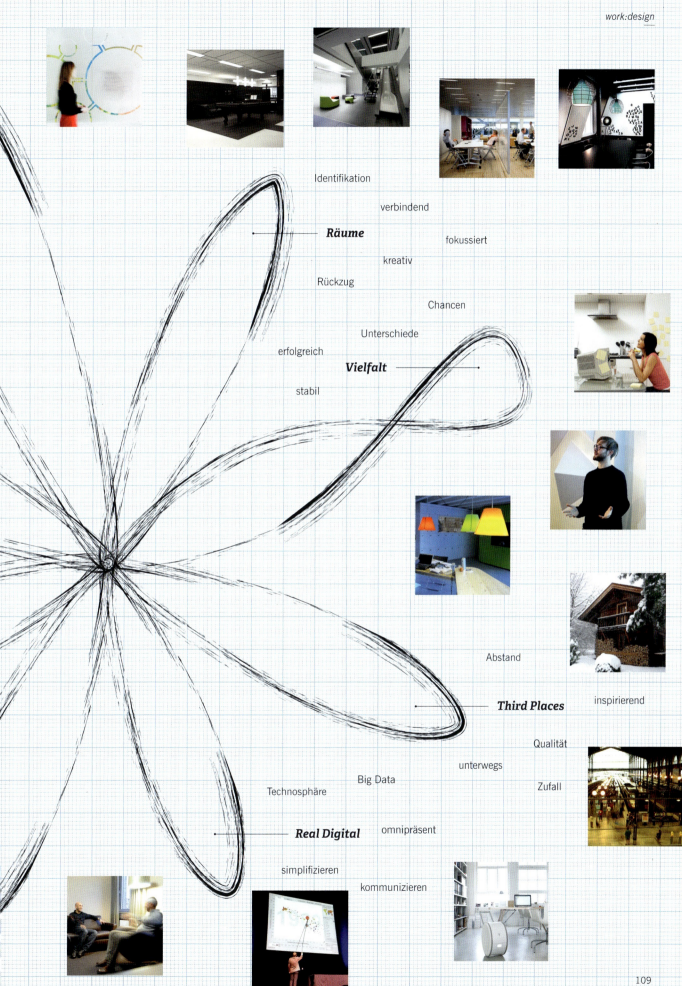

Zukunftsinstitut :: work:design

Raum für Ideen

Raum für Ideen

Zukunftsinstitut :: work:design

Raum für Ideen